Reihe Rechtswissenschaft
Band 193

Die Prinzipien der »materiellen Wahrheit« und der »freien Beweiswürdigung« im Strafprozeß

Eine Untersuchung unter besonderer Berücksichtigung
des Sachverständigenbeweises
und der Sachgebundenheit richterlicher Überzeugungsbildung
bei der Schuldfähigkeitsfeststellung
und der Feststellung subjektiver Deliktsmerkmale

Andreas Eicker

Centaurus Verlag & Media UG 2001

Der Autor, geb. 1972, absolvierte ein Studium der Rechtswissenschaft mit strafrechtlicher Schwerpunktausbildung und ist zur Zeit als Rechtsreferendar tätig. 1998 wurde er mit dem Deutschen Studienpreis der Körber-Stiftung / Hamburg ausgezeichnet.

Die Deutsche Bibliothek – CIP-Einheitsaufnahme

Eicker, Andreas:
Die Prinzipien der "materiellen Wahrheit" und der
"freien Beweiswürdigung" im Strafprozeß : eine Untersuchung
unter besonderer Berücksichtigung des Sachverständigenbeweises
und der Sachgebundenheit richterlicher Überzeugungsbildung
bei der Schuldfähigkeitsfeststellung und der Feststellung subjektiver
Deliktsmerkmale / Andreas Eicker. –
Herbolzheim : Centaurus Verl., 2001
(Reihe Rechtswissenschaft ; Bd. 193)
ISBN 978-3-8255-0326-0 ISBN 978-3-86226-373-8 (eBook)
DOI 10.1007/978-3-86226-373-8

ISSN 0177-2805

Satz: Vorlage des Autors
Umschlaggestaltung: DTP-Studio, A. Walter, Lenzkirch

INHALTSVERZEICHNIS

A. Prolog 1

B. Einführung in die Problemstellung 2

C. Vorgehensweise und Gliederung 5

D. Zum Prinzip der „materiellen Wahrheit“ 8

I. Vorbemerkung 8

II. Historisch-philosophische Annäherung an die „materielle Wahrheit“ 9

1. Sprachwissenschaftliche Wahrheitstheorien 10

2. Pragmatische Wahrheitstheorien 12

3. Zur Relevanz des „Theorienstreits“ für das Prinzip der „materiellen Wahrheit“ 13

III. Deskriptiv-definitorische Betrachtung der Pflicht zur Aufklärung der „materiellen Wahrheit“ 15

IV. Das Prinzip der „materiellen Wahrheit“ unter besonderer Berücksichtigung der Feststellung subjektiver Deliktsmerkmale und der Voraussetzungen der §§ 20 und 21 StGB 17

1. Die Problemstellung 17

a. Umfang und Bedeutung der Sachverständigenbeiziehung bei der Schuldfähigkeitsfeststellung 18

b. Umfang und Bedeutung der Sachverständigenbeiziehung bei der Feststellung subjektiver Deliktsmerkmale 19

c. Die Konsequenzen für die Problemstellung 20

2. Die Pflicht zur Aufklärung „materieller Wahrheit“ im Kontext strafrechtlicher Dogmatik 21

a. Die esoterische Psychologie des Strafrechts 21

b. Die kollektiv-psychologische Theorie 21

c. Die subjektiven Deliktsmerkmale und ihre Subjektivitätsebenen ... 23

d. Eine kritische Würdigung der dargelegten Erklärungsansätze ... 26

V. Zwischenergebnis ... 30

E. Zum Prinzip der „freien Beweiswürdigung" ... **31**

I. Vorbemerkung ... 31

II. Zur rechtshistorischen Gewordenheit des Prinzips der „freien Beweiswürdigung" ... 32

1. Ein geschichtlicher Rückblick ... 32

2. Die Rechtsprechung des Reichsgerichts ... 34

3. Die „subjektive Theorie" des Bundesgerichtshofes ... 34

4. Zur Kritik aus dem rechtswissenschaftlichen Schrifttum ... 35

5. Zur Sachgebundenheit richterlicher Überzeugungsbildung ... 37

6. Die weitere Verobjektivierung der Beweiswürdigung ... 38

III. Deskriptiv-definitorische Betrachtung der „Freiheit" der Beweiswürdigung ... 39

1. Zum Überzeugungsbildungsprozeß und seiner Bindung durch den Amtsaufklärungsgrundsatz ... 39

2. Zu den „Grenzen" und „Ausnahmen" vom Prinzip der „freien Beweiswürdigung" ... 41

3. Zu den erhöhten Anforderungen an die Urteilsbegründungspflicht ... 44

4. Folgerungen für die „Freiheit" der Beweiswürdigung ... 45

IV. Das Prinzip der „freien Beweiswürdigung" unter besonderer Berücksichtigung der Feststellung subjektiver Deliktsmerkmale ... 46

1. Die Problemstellung ... 46

2. Zur begrenzten Feststellbarkeit subjektiver Deliktsmerkmale ... 48

3. Folgerungen für die „subjektive Theorie" ... 51

4. Zur Problemlösung der begrenzten Feststellbarkeit subjektiver Deliktsmerkmale 55

5. Zur Interpretation des Prinzips der „freien Beweiswürdigung“ als einen Grundsatz „objektiv-subjektiver“ Beweiswürdigung 56

V. Zwischenergebnis 57

F. Der Sachverständigenbeweis im Kontext der Pflicht zur Aufklärung „materieller Wahrheit“ und der „freien Beweiswürdigung“ **59**

I. Vorbemerkung 59

II. Zur rechtshistorischen Entwicklung des Sachverständigenbeweises im Strafprozeß 59

III. Das Prinzip der „freien Beweiswürdigung“ und der Sachverständigenbeweis unter besonderer Berücksichtigung der Feststellung der Voraussetzungen der §§ 20 und 21 StGB 62

1. Die Problemstellung 62

2. Die Systematik der §§ 20 und 21 StGB und ihre Voraussetzungen 63

a. Die „psychologische Ebene“ und die Funktion des Sachverständigen 65

b. Die „normative Ebene“ und die Funktion des Richters 66

3. Zum Rollenkonflikt zwischen Richter und Sachverständigem im Strafprozeß 69

a. Die Befürworter des Gehilfenkonzepts 70

b. Die Gegner des Gehilfenkonzepts 72

4. Zur Wechselbeziehung zwischen Richter und Sachverständigem im Sinne der StPO 73

a. Die Auswahl des Gutachters durch den Tatrichter 74

b. Die Leitung des Gutachters durch den Tatrichter 75

5. Die tatrichterliche Kompetenzunterschreitung und die gutachterliche Kompetenzüberschreitung als mögliche Ursachen für die „Abdankung" der richterlichen Beweiswürdigung 76

a. Zur tatrichterlichen Kompetenzunterschreitung als Ursache für die Entmachtung des Richters im Überzeugungsbildungsprozeß 76

b. Zur gutachterlichen Kompetenzüberschreitung als mögliche Ursache für die Entmachtung des Richters im Überzeugungsbildungsprozeß 82

6. Lösungsvorschläge für eine neue Kompetenzverteilung zwischen Richter und Sachverständigem bei der Beweiswürdigung 84

a. Der Sachverständige auf der Richterbank 84

b. Die ausschließliche Zuständigkeit des Sachverständigen 85

c. Die verbindliche Entscheidung durch ein Sachverständigengremium 85

d. Das Verbot einer gutachterlichen Stellungnahme zu Rechtsfragen 86

e. Folgerungen für das Verhältnis der „freien Beweiswürdigung" zum Sachverständigenbeweis 86

IV. Zwischenergebnis 87

G. Schlußbetrachtung: Zusammenfassung und Ergebnisse 89

Literaturverzeichnis 93

A. PROLOG

Eine scheinbar alltägliche Gerichtsverhandlung bildet den äußeren Rahmen für das Handlungsgeschehen der Erzählung „Ein Wildermuth“ von Ingeborg Bachmann:

Ein Landarbeiter hatte seinen Vater erschlagen und sich am darauffolgenden Tag der Polizei gestellt[1]*. Obwohl der Angeklagte die Tat eingesteht, bleibt der eigentliche Tathergang unklar*[2]*. Selbst die Vernehmung eines Sachverständigen bringt kein eindeutiges Ergebnis*[3]*. Im Gerichtssaal breitet sich angesichts unterschiedlicher Tatversionen Unsicherheit aus*[4]*. Da schreit der Richter Wildermuth auf. Er schreit nach der Wahrheit*[5]*.*

Dieser Aufschrei steht für ein Suchen nach der Wahrheit, nach der wirklichen vollen Wahrheit des Geschehens, das Gegenstand dieses Prozesses ist[6]. Im Aufschrei des Richters Wildermuth drückt sich die Einsicht aus, daß es bei der Wahrheitserforschung im Strafverfahren nicht um die absolute Wahrheit gehen kann. Angesichts dessen bleibt die beunruhigende Frage, wie sich die persönliche Überzeugung von der Wahrheit objektivieren läßt, ohne bloß in ein subjektives Meinen zu verfallen[7].

Dem wird in den weiteren Ausführungen nachgegangen. Sie widmen sich dem rechtstheoretischen Hintergrund, der dem Aufschrei des Richters Wildermuth zugrunde liegt.

1 Bachmann, S. 215
2 Bachmann, S. 220
3 Bachmann, S. 222ff
4 Bachmann, S. 224
5 Bachmann, S. 225f
6 Müller-Dietz, NJW 1994, 1921, 1923
7 Müller-Dietz, NJW 1994, 1921, 1924

B. EINFÜHRUNG IN DIE PROBLEMSTELLUNG

Diese Ausarbeitung beschäftigt sich mit dem Prinzip der „materiellen Wahrheit“ und dem Prinzip der „freien Beweiswürdigung“ im Strafprozeß. Dies geschieht unter besonderer Berücksichtigung des Sachverständigenbeweises und der Sachgebundenheit richterlicher Überzeugungsbildung bei der Schuldfähigkeitsfeststellung und der Feststellung subjektiver Deliktsmerkmale.

In dieser Themenstellung können zwei zentrale Problemkreise gesehen werden.

Erstens ist zu erarbeiten, was unter der Pflicht zur Aufklärung der „materiellen Wahrheit“, die aus § 244 II StPO hergeleitet wird[8], zu verstehen ist und inwieweit dieser Pflicht in der Praxis des Strafverfahrens tatsächlich entsprochen wird. Es wird gefragt, ob Strafrechtsanwendung – zumindest in Teilbereichen – dem Vorwurf auszusetzen ist, an der „ganzen“ Wahrheit nicht interessiert zu sein.

Zweitens bedarf der ungeschriebene Verfahrensgrundsatz der „freien Beweiswürdigung“, der nach allgemeiner Ansicht aus § 261 StPO abgeleitet wird[9], einer Erörterung. Gefragt wird, ob es, wie der Wortlaut des § 261 StPO vermuten läßt, eine „Freiheit“ der richterlichen Beweiswürdigung tatsächlich gibt.

Die Vermutung liegt nahe, daß die beiden erwähnten Grundsätze von einer zu ihrem Wortlaut entgegengesetzten oder gegenläufigen Tendenz geprägt sind. Das Prinzip der „materiellen Wahrheit“ verspricht, dem Ideal zur Aufklärung der „ganzen“ Wahrheit gerecht zu werden, obwohl eventuell doch „Freiräume“ bestehen, in denen diesem Ideal nicht entsprochen wird. Das Prinzip der „freien Beweiswürdigung“ hingegen suggeriert seinem Wortlaut nach eine richterliche Ungebundenheit in Bezug auf gesetzliche Beweisregeln,

8 Peters, FS für R. Gmür, S. 318
9 Meurer, S. 533

obwohl es eventuell doch Bindungen im Sinne einer Sachgebundenheit der richterlichen Überzeugungsbildung gibt, die diesen „Freiraum" relativieren.

Die beiden Grundsätze werden in dieser Untersuchung nicht nur isoliert voneinander betrachtet, vielmehr werden sie in Beziehung zueinander gesetzt. Dementsprechend wird ein dritter Problemkreis geöffnet, in dem die Fragen erörtert werden, die sich aus der Wechselbeziehung beider Prinzipien ergeben. Gefragt wird, ob bei einer Inanspruchnahme sachverständiger Hilfe zur Aufklärung der „materiellen Wahrheit" einerseits, daraus andererseits die Verdrängung des Tatrichters aus seiner Pflicht zur „freien Beweiswürdigung" folgt.

In der soeben erwähnten Themenstellung zu dieser Untersuchung ist angedeutet, daß die soeben aufgeworfenen Fragestellungen nicht abstrakt zu diskutieren sind, sondern in Bezug auf die Feststellung subjektiver Deliktsmerkmale und im Hinblick auf die Feststellung der Voraussetzungen der §§ 20 und 21 StGB. Deshalb werden die aufgeworfenen Problemkreise unter Berücksichtigung dieser Bezugspunkte nachfolgend weiter konkretisiert.

Während in der gerichtlichen Praxis zur Feststellung der Voraussetzungen der §§ 20 und 21 StGB regelmäßig Sachverständige herangezogen werden[10], ist dieses bei der Feststellung subjektiver Deliktsmerkmale regelmäßig nicht der Fall[11]. Das Prinzip der „materiellen Wahrheit" soll deshalb daraufhin untersucht werden, ob der Wahrheitserforschungspflicht auch bei der Feststellung subjektiver Deliktsmerkmale durch die Hinzuziehung gutachterlicher Hilfe sachgerechter zu entsprechen ist oder ob die dogmatische Konstruktion des materiellen Strafrechts dieses von vornherein ausschließt.

Ebenfalls am Beispiel der Feststellung subjektiver Deliktsmerkmale wird ferner untersucht, wie „frei" die tatrichterliche Beweiswürdigung ist und ob die Notwendigkeit für eine Sachgebundenheit der richterlichen Überzeugungsbildung gegeben ist. Dieses wird deshalb anhand der Feststellung subjektiver Deliktsmerkmale betrachtet, weil diese Merkmale als innerpsychische Vorgänge des Angeklagten für den Tatrichter besonders problematisch festzu-

[10] Maul, S. 56; Krauß, subjektive Elemente, S. 112
[11] Maul, S. 57; Krauß, subjektive Elemente, S. 112

stellen sind. Diese fremdpsychischen Vorgänge sind nämlich naturgemäß der unmittelbaren richterlichen Wahrnehmung unzugänglich.

Da im Strafprozeß – wie soeben erwähnt – zur Schuldfähigkeitsfeststellung regelmäßig sachverständige Hilfe in Anspruch genommen wird, wird am Beispiel der Schuldfähigkeitsbegutachtung untersucht, ob für den Tatrichter zu befürchten ist, durch außerjustizielle sachverständige Einflußnahme aus seiner Pflicht zur Würdigung der Beweise verdrängt zu werden. Es wird ergründet, ob diese Tendenz der „Abdankung" der richterlichen Beweiswürdigung[12] ursächlich auf eine Krise des Sachverständigenbeweises[13] zurückzuführen ist oder ob es sich nicht vielmehr um eine Krise der richterlichen Überzeugungsbildung[14] handelt.

Den bisherigen Ausführungen folgend wird in der weiteren Untersuchung von drei Hypothesen ausgegangen:

- Der Pflicht zur Aufklärung der „materiellen Wahrheit" wird bei der Feststellung subjektiver Deliktsmerkmale in Ermangelung einer Inanspruchnahme sachverständiger Hilfe nur unzureichend entsprochen.

- Das Prinzip der „freien Beweiswürdigung" ist nicht wirklich „frei", es untersteht gewissen Bindungen, insbesondere einer tatrichterlichen Sachgebundenheit.

- Die Verdrängung des Tatrichters aus seiner Pflicht zur „freien Beweiswürdigung" ist nur unter der Voraussetzung einer richterlichen Kompetenzunterschreitung anzunehmen.

Diese Annahmen werden im weiteren Verlauf dieser Ausarbeitung untersucht und erörtert.

---

12 Krauß, ZStW 1973, 320, 334, Fn. 35

13 Streng, NStZ 1995, 12

14 Rasch, NStZ 1992, 257, 258

C. VORGEHENSWEISE UND GLIEDERUNG

Im Anschluß an den Problemaufriß, der dieser Ausarbeitung zugrunde gelegt wird, ist der Frage nachzugehen, welche Vorgehensweise geeignet ist, um die entwickelte Aufgabenstellung angemessen bearbeiten zu können. Die Beantwortung dieser Frage ist von grundlegender Bedeutung, da erst eine Methode, die der dargelegten Aufgaben- und Problemstellung gerecht wird, zu vernünftigen Einsichten führen kann.

Es würde den Rahmen dieser Ausarbeitung sprengen, hier eine tiefgreifende Diskussion über den methodologischen Rahmen zu führen, der es erlaubt, die Grundsätze der „materiellen Wahrheit" und der „freien Beweiswürdigung" und deren Beziehung zueinander kritisch zu analysieren. Dieses würde eine Auseinandersetzung mit den Prinzipien der „materiellen Wahrheit" und der „freien Beweiswürdigung" im Kontext allgemeinwissenschaftlicher und rechtswissenschaftlicher Grundpositionen und Methoden sowie einzel(rechts)wissenschaftlicher Auffassungen notwendig machen. Gerade im Hinblick auf den Wahrheitsbegriff ließe dieses erwarten, daß insbesondere verschiedene rechtsphilosophische Richtungen und denen zugrundeliegende Kategorien betrachtet werden. Wichtig wäre auch, eine Betrachtung der beiden Rechtsinstitute vor dem Hintergrund ihrer historischen Gewordenheit vorzunehmen. Anzunehmen ist, daß durch die Analyse der geschichtlichen Entwicklung der Prinzipien der „materiellen Wahrheit" und der „freien Beweiswürdigung" erfaßt werden kann, welche inhaltliche Bestimmung der beiden Grundsätze für die Weiterentwicklung der Rechtspraxis nützlich war – um daraus Hinweise zu gewinnen, wie auch die zukünftige Rechtspraxis positiv befördert werden kann. Dies würde natürlich nicht ein Aufgreifen und Einbeziehen von Einsichten aus den sogenannten Einzelwissenschaften ausschließen.

Im Rahmen dieser Ausarbeitung kann eine solche tiefgreifende methodologische Analyse nicht geführt werden. Dieses bedeutet natürlich nicht, daß es keiner Erläuterung darüber bedarf, wie die Untersuchung und Erörterung der Prinzipien der „materiellen Wahrheit" und der „freien Beweiswürdigung" und deren Beziehung zueinander vorgenommen werden soll.

Im Gegenteil: Es ist ein Weg zu suchen, auf dem „historisch“ den Grundsätzen der „materiellen Wahrheit“ und der „freien Beweiswürdigung“ entgegen gegangen werden kann. Dabei sind einzelwissenschaftliche Einsichten zu berücksichtigen, die mit der „historischen“ Betrachtung ihren begründeten Stellenwert erhalten.

Nicht übersehen werden darf, daß diesem – richtigen – Anspruch in dieser Ausarbeitung nur ansatzweise entsprochen werden kann. Das wird hiermit deutlich betont.

Tendenziell wird angestrebt, die Prinzipien der „materiellen Wahrheit“ und der „freien Beweiswürdigung“, so wie sie heute von der Rechtsprechung verstanden werden, in ihrer Entwicklung unter Einbeziehung vorliegender Einsichten zu diesen Prinzipien und ihrem Zusammenhang anzusprechen. Daraus sollen Anregungen für das Verständnis der beiden Rechtsinstitute gewonnen werden.

Dieses geschieht anhand einer Literatursichtung, die hier selbstverständlich nicht vollständig und abschließend sein kann, sofern dies überhaupt möglich ist.

Im Sinne der angestrebten Betrachtungsweise erfolgt in der weiteren Untersuchung zunächst eine historische Annäherung an die Prinzipien der „materiellen Wahrheit“ und der „freien Beweiswürdigung“. Anschließend wird in einer deskriptiv-definitorischen Betrachtung die inhaltliche Bestimmung beider Grundsätze festgestellt. Dabei werden relevante Züge der beiden Prinzipien verdeutlicht, um beschreibend „Probleme“ herauszuarbeiten, die mit den beiden Grundsätzen verbunden sind.

Die zunächst erfolgende getrennte Betrachtung der beiden Rechtsinstitute ist Voraussetzung dafür, daß die „Probleme“, die aus dem Zusammenspiel beider Grundsätze resultieren, einer Betrachtung zugänglich werden. Diese Ausarbeitung ist dabei auf die Gefahr einer möglichen „Abdankung“ des Tatrichters aus seiner Pflicht zur „freien Beweiswürdigung“ konzentriert.

Die Vorgehensweise in dieser Untersuchung wird dadurch konkretisiert, daß die Prinzipien der „materiellen Wahrheit“ und der „freien Beweiswürdigung“ mit Bezug auf die Feststellung subjektiver Deliktsmerkmale und der Voraussetzungen der §§ 20 und 21 StGB diskutiert werden.

Damit ergeben sich die nachfolgenden weiteren Arbeitsschritte:

- Das Prinzip der „materiellen Wahrheit“ ist unter besonderer Berücksichtigung der Feststellung subjektiver Deliktsmerkmale und der Voraussetzungen der §§ 20 und 21 StGB zu behandeln.

- Das Prinzip der „freien Beweiswürdigung“ ist unter Berücksichtigung der Feststellung subjektiver Deliktsmerkmale – als besonders schwer feststellbare fremdpsychische Vorgänge – zu betrachten.

- Die Gefahr der Verdrängung des Tatrichters aus seiner Pflicht zur „freien Beweiswürdigung“ durch außerjustizielle sachverständige Einflußnahme ist zu diskutieren.

- Die im Verlauf der Untersuchung gewonnenen Erkenntnisse sind zusammenzufassen und ein Ergebnis ist zu formulieren.

Diese Arbeitsschritte werden in der aufgeführten Reihenfolge angegangen. Dementsprechend ist auch das Inhaltsverzeichnis gegliedert, das dieser Ausarbeitung vorangestellt wurde. Die Vorgehensweise in den einzelnen Kapiteln wird jeweils in einer Vorbemerkung erklärt. Zwischenergebnisse, die auch für die jeweils weitere Vorgehensweise von Bedeutung sind, werden am Schluß der einzelnen Kapitel kurz zusammengefaßt. Alle Zwischenergbnisse gehen ein in die Schlußbetrachtung.

D. ZUM PRINZIP DER „MATERIELLEN WAHRHEIT“

I. Vorbemerkung

Aus § 261 StPO wird das Prinzip der „freien Beweiswürdigung“ abgeleitet[15]. Danach entscheidet der Richter über das Ergebnis der Beweisaufnahme nach seiner aus dem Inbegriff der Verhandlung resultierenden freien Überzeugung.

Der Gegenstand für diese Überzeugungsbildung folgt aus der Pflicht zur Aufklärung der „materiellen Wahrheit“, die aus § 244 II StPO hergeleitet wird[16]. Insofern ist die Qualität der richterlichen Entscheidung davon abhängig, welche Beweise in der Hauptverhandlung erhoben werden.

Deshalb müssen, bevor das Prinzip der „freien Beweiswürdigung“ betrachtet werden kann, vorab Bedeutung und Grenzen des Prinzips der „materiellen Wahrheit“ untersucht werden.

Im einzelnen wird im ersten Kapitel wie folgt vorgegangen: Zunächst wird eine historisch-philosophische Annäherung an das Prinzip der „materiellen Wahrheit“ vorgenommen. Dabei kann natürlich die Beschäftigung mit namhaften Wahrheitstheoretikern nur Grundlagencharakter haben, um erste Schlußfolgerungen für die prozessuale Wahrheitsfindung zu ziehen. Angesichts dessen wird im Rahmen dieser Betrachtung vorwiegend auf Sekundärliteratur zurückgegriffen.

Im Anschluß daran erfolgt eine deskriptiv-definitorische Betrachtung der Pflicht zur Aufklärung der „materiellen Wahrheit“. Dabei soll beschreibend der Gegenstand dieses Grundsatzes durch eine Bestimmung seines Inhalts erklärt werden, soweit dieses zum Verständnis der weiteren Ausführungen notwendig ist.

Daran anschließend wird das Prinzip der „materiellen Wahrheit“ mit Bezug auf die Feststellung subjektiver Deliktsmerkmale und die Voraussetzungen der §§ 20 und 21 StGB problematisiert. Dabei werden drei Erklärungsansätze vorgestellt, die begründen, daß die dogmatische Konstruktion des materiellen Strafrechts ein Aufspüren der „ganzen“ Wahrheit bei der Feststellung

15 Meurer, S. 533
16 Peters, FS für R. Gmür, S. 318

subjektiver Deliktsmerkmale unter Hinzuziehung sachverständiger Hilfe nicht zuläßt.

In Auseinandersetzung mit diesen Erklärungsansätzen wird schließlich darzulegen versucht, daß die Dogmatik des Strafrechts nicht denknotwendig ein geringeres Maß des Aufspürens von Realität bei subjektiven Deliktsmerkmalen verlangt, als es bei der Schuldfähigkeitsfeststellung der Fall ist.

II. Historisch-philosophische Annäherung an die „materielle Wahrheit"

Seit Abschaffung der Gottesurteile, die darauf basierten, Gott als oberen Richter anzusehen, der auch das Verborgene im Menschen kannte und zu beurteilen vermochte[17], ruht die Geschichte des Strafrechts auf einer langen Tradition, die davon geprägt ist, den Angeklagten zu einem Geständnis zu bewegen[18]. Die Vernehmung von Personen war ab dieser Zeit darauf gerichtet, den in der Vergangenheit liegenden Sachverhalt – also das Tatgeschehen – als die „reine Wahrheit" zu ermitteln. Dieses Streben fand bis zum Ende des 18. Jahrhunderts seinen Höhepunkt in den Inquisitionsprozessen, die eng verbunden mit der für zulässig erklärten Folterung zu sehen sind. Erst seit Beginn der Aufklärung wurde die prozessuale Lage des Angeklagten stetig verstärkt, um den menschenverachtenden Geständniserzwingungspraktiken entgegen zu wirken[19].

Die Vorschrift des § 244 II StPO gibt auch heute noch die Ermittlung der „Wahrheit" als prozessuales Ziel des Strafverfahrens an. Der Gesetzestext selbst spricht schlicht von der „Wahrheit", die es zu erforschen gilt. Die Leistungsfähigkeit dieser Norm genügt jedoch nicht, um den Wahrheitsbegriff zu beschreiben. Die Bestimmung des § 244 II StPO ist selbst als Definitionshilfe ungeeignet[20]. Das Verständnis von der Wahrheit erschöpft sich in dieser prozessualen Vorschrift darin, daß die Wahrheit als selbstverständliches Ziel des Strafverfahrens vorausgesetzt wird[21].

---

17 Peters, FS für R. Gmür, S. 312
18 Nijboer, S. 29
19 Nijboer, S. 29
20 Hetzer, S. 24f
21 Hetzer, S. 21

Die Schwierigkeit einer Definition des Wahrheitsbegriffes wird deutlich, wenn die Bemühungen der spachwissenschaftlichen und pragmatischen Wahrheitstheorien betrachtet werden, die versuchen, eine definitorische Beziehung zwischen Wahrheit und Wirklichkeit zu entwickeln.

1. Sprachwissenschaftliche Wahrheitstheorien

Gemäß der auf Aristoteles zurückgehenden Korrespondenztheorie wird die Wahrheit als die Übereinstimmung einer Aussage mit der Wirklichkeit bestimmt[22]. Falsch ist es danach, vom Seienden zu sagen, es sei nicht, und vom Nichtseienden es sei. Wahr soll es sein, vom Seienden zu sagen es sei und vom Nichtseienden es sei nicht. Die Konsequenz ist, daß jeder, der sagt, etwas sei, oder sagt, etwas sei nicht, entweder wahr oder falsch redet[23].

Dieser Erklärungsansatz wird deshalb als Korrespondenztheorie bezeichnet, weil dieser Theorie zufolge die Wahrheit einer Aussage dadurch geprüft werden kann, indem geklärt wird, ob die Aussage mit der Wirklichkeit, von der sie spricht, übereinstimmt[24].

Dies klingt zwar plausibel, liefert aber keine Merkmale, die den Begriff der Wahrheit ausmachen. Die Feststellung, daß eine Aussage mit der Wirklichkeit übereinstimmt, muß an gewissen Auswahl- oder Prüfungskriterien orientiert sein. Solche Anknüpfungspunkte geben die Ausführungen von Aristoteles nicht[25].

Auch nach Kant ist Wahrheit die Übereinstimmung einer Erkenntnis mit ihrem Gegenstand. Eine Erkenntnis ist also nicht wahr, sondern falsch, wenn sie mit dem Gegenstand, auf den sie sich bezieht, nicht übereinstimmt.

Doch auch hier ist das Merkmal der „Übereinstimmung“ kein ojektives Kriterium, sondern eine subjektive Urteilskategorie. Das Merkmal der „Über-

22 Hilgendorf, S. 549
23 Hetzer, S. 36
24 Kaufmann, FS für J. Baumann, S. 120
25 Adomeit, JuS 1972, 628, 629

einstimmung“ stellt auch hier keine differenzierte Methode dar, nach der eine Feststellung über die Wahrheit oder Falschheit einer Aussage zu treffen ist[26].

Jürgen Rödig gelangt zu der Einsicht, daß ein Satz genau dann wahr ist, wenn es sich wirklich so verhält, wie der Satz es sagt. Der Satz ist also dann wahr, wenn er die Wirklichkeit so beschreibt, wie sie ist.

Diese Definition eröffnet aber ebenfalls keinen neuen Ansatz. Die Bestimmung des Begriffs der Wahrheit wird lediglich auf den Begriff der Wirklichkeit verlagert[27].

Die geschilderten Probleme versucht Ramsey mit der sogenannten Redundanztheorie zu überwinden. Diesem Ansatz zufolge sind die Begriffe „wahr“ und „falsch“ in einem Satz überflüssig, weil sie nur als Bejahung oder Verneinung fungieren. Die Bedeutung der in einem Satz liegenden Behauptung wird nämlich durch diese Bewertungen qualitativ nicht verändert[28]. Die Redundanztheorie modifiziert damit zwar die Korrespondenztheorie, vermag diese aber nicht durch eine neue Theorie zu ersetzen[29].

Es überrascht deshalb nicht, daß seit langem versucht wird, die Korrespondenztheorie durch eine weniger problemträchtige Wahrheitstheorie zu ersetzen. Eine teilweise Ersetzung der Korrespondenztheorie gelingt der von Carnap und Neurath vertretenen Kohärenztheorie. Danach ist eine Aussage dann wahr, wenn sie sich widerspuchslos in die Gesamtheit der wahren Meinungen einfügen läßt[30]. Die Wahrheit einer Behauptung läßt sich also dadurch feststellen, daß ihre logische Verträglichkeit mit anderen Aussagen überprüft wird. Eine Behauptung ist somit nur dann wahr, wenn sie sich ohne Widerspruch in ein System bereits anerkannter Aussagen einbettet[31]. Gegen die Kohärenztheorie spricht, daß sie ein bereits bekanntes System von wahren Meinungen voraussetzt[32].

---

[26] Hilgendorf, S. 551; Hetzer, S. 36
[27] Hetzer, S. 37
[28] Hilgendorf, S. 552f
[29] Schmidt, J., JuS 1973, 204, 205
[30] Hilgendorf, S. 551
[31] Schmidt, J., JuS 1973, 204, 205
[32] Hilgendorf, S. 551

Nach der von Franz Brentano formulierten Evidenztheorie ist ein Satz dann wahr, wenn er eine Aussage enthält, die mit höchster Gewißheit – Evidenz – getroffen worden ist. Gegen diese Auffassung spricht aber ganz offensichtlich die Unbestimmtheit des Kriteriums der Evidenz[33].

Bereits dieser kurze Einblick in sprachwissenschaftliche Wahrheitstheorien macht deutlich, daß mit ihrer Hilfe allein eine befriedigende inhaltliche Bestimmung des Wahrheitsbegriffes nicht möglich ist. Keiner der angesprochenen Erklärungsansätze vermag handhabbare Prüfungskriterien zu liefern, die einen eindeutigen Hinweis darauf geben, wann eine Aussage als wahr oder falsch zu werten ist.

2. Pragmatische Wahrheitstheorien

Den soeben angeführten sprachwissenschaftlichen Wahrheitstheorien sind die pragmatischen Wahrheitstheorien gegenüber zu stellen[34]. Nach diesen Theorien ist die Wahrheit stets an der Nützlichkeit einer Aussage orientiert[35].

Beispielhaft ist hier zunächst die Wahrheitstheorie zu nennen, so wie sie von Dewey oder James vertreten wird. Danach ist eine Aussage dann wahr, wenn sie in der Lage ist, Probleme besser zu lösen, als es andere Aussagen vermögen. Unter Zugrundelegung dieser Theorie tritt aber die Schwierigkeit auf, daß es notwendig ist, alle Konsequenzen einer Behauptung zu kennen, um sie auf die Wahrheit hin zu überprüfen[36].

In jüngerer Zeit erfährt die Konsenstheorie eine starke Betonung, wie sie von Kamlah-Lorenzen, Apel und Habermas vertreten wird. Dieser Auffassung zufolge ist einem Gegenstand nur dann die Bewertung „wahr“ zuzusprechen, wenn auch jeder andere Gesprächspartner diesem Gegenstand das Prädikat „wahr“ zuschreiben würde. Bedingung für die Wahrheit einer Aussage ist

---

[33] Schmidt, J., JuS 1973, 204, 205
[34] Schmidt, J., JuS 1973, 204, 206
[35] Hilgendorf, S. 552
[36] Hilgendorf, S. 552

damit die potentielle Zustimmung aller anderen möglichen Gesprächspartner[37].

Offen bleibt bei dieser Sichtweise, wie eine solche echte Übereinstimmung zwischen den Gesprächspartnern von einer falschen zu unterscheiden ist und wie eine solche Übereinstimmung überhaupt erreicht werden kann, da faktisch nur wenige Personen um Zustimmung anzusprechen sind[38].

3. Zur Relevanz des „Theorienstreits" für das Prinzip der „materiellen Wahrheit"

Zu klären ist nunmehr, welche Bedeutung der soeben aufgezeigte „Theorienstreit" für das Prinzip der „materiellen Wahrheit" hat.

Wie gesagt, ist gemäß der Konsensenstheorie – als pragmatische Wahrheitstheorie – eine Aussage nur dann wahr, wenn auch jeder andere Gesprächspartner diese Aussage wahr nennen würde. Für juristische Zwecke ist diese Theorie nicht praktikabel, weil damit für den Tatrichter bei der Wahrheitsfindung die Gefahr besteht, in eine ausweglose Situation zu geraten, wenn sich unter den Prozeßbeteiligten ein solcher Konsens nicht herstellen läßt[39]. Außerdem ist in jeder Gerichtsverhandlung – das ist unumgänglich – das Gespräch irgendwann abzubrechen, damit der Fall einer Entscheidung zugeführt werden kann[40].

Nach dem Alltagsverständnis ist eine Aussage dann wahr, wenn sie der Wirklichkeit entspricht[41]. Wie aufgezeigt wurde, ist dieser, der Korrespondenztheorie entsprechende Ansatz, zwar schwerwiegenden Einwänden ausgesetzt, doch vermögen auch alle konkurrierenden Wahrheitstheorien nicht zu überzeugen. Allein die Korrespondenztheorie entspricht der allgemein zugrunde gelegten Intuition, daß Wahrheit immer etwas mit dem Bezug zur Wirklichkeit zu tun hat. An der Korrespondenztheorie als sprachwissen-

---

37 Hilgendorf, S. 553
38 Schmidt, J., JuS 1973, 204, 206
39 Adomeit, JuS 1973, 207
40 Hilgendorf, S. 554
41 Kaufmann, FS für J. Baumann, S. 120

schaftliche Wahrheitstheorie ist deshalb festzuhalten, an ihr kann weiter angeknüpft werden[42].

Die Begriffe „wahr“ oder „unwahr“ sind demnach Bewertungen, um die bestehende oder nicht bestehende Übereinstimmung mit der Wirklichkeit anzugeben. Diese lebensfaktische Wirklichkeit läßt sich uneingeschränkt – also vollständig – nur innerhalb sehr enger Grenzen feststellen, beispielsweise innerhalb eines geschlossenen Systems der Mathematik[43]. In der Regel ist nur eine Annäherung an die absolute Wahrheit möglich, endgültig erkennen läßt sie sich in Ermangelung exakter Kriterien nicht.

Im Strafprozeß ist die Wahrheit deshalb nur ein Konstrukt[44]. In der Vergangenheit liegende Tatsachen werden aufgrund von Beobachtungen, sachverständigen Untersuchungen sowie auf der Grundlage von Geständnissen für wahr erklärt. Diese Feststellungen liefern aber niemals die objektive Wahrheit, da die Wahrheitskonstruktion immer an die erkennende Person gebunden und damit auch subjektiv geprägt ist[45].

Dennoch ist es richtig, daß das Gesetz in § 244 II StPO davon ausgeht, daß es grundsätzlich möglich ist, die „ganze“ Wahrheit zu erfassen. Hätte nämlich die prozessuale Tatsachenerforschung nicht die Aufklärung der „ganzen“ Wahrheit – soweit zulässig – zum Ziel, dann würde der Aufklärungswille des Richters gelähmt und sein Unternehmungsgeist entscheidend geschwächt[46]. Das Streben nach der „ganzen“ Wahrheit als zentrale Prozeßmaxime ist für den Strafrichter also die notwendige Motivation, die Ermittlung so gut, wie nur möglich, durchzuführen[47].

Damit ist festzuhalten, daß im Strafverfahren zwar anzustreben ist, dem Ideal des Erfassens der „ganzen“ Wahrheit, gerecht zu werden. Im Regelfall kann aber nur eine *Annäherung* an die absolute Wahrheit erreicht werden.

---

[42] Hilgendorf, S. 554
[43] Nijboer, S. 27
[44] Hoffmann-Riem, JZ 1997, 1, 2
[45] Nijboer, S. 28
[46] Döhring, S. 6
[47] Nijboer, S. 32f

III. Deskriptiv-definitorische Betrachtung der Pflicht zur Aufklärung der „materiellen Wahrheit"

Im folgenden werden nun die relevanten Züge des Prinzips der „materiellen Wahrheit" herausgearbeitet, so wie sie heute verstanden werden. Dieses geschieht jedoch nur soweit, wie es zum Verständnis der weiteren Ausführungen in dieser Arbeit notwendig ist.

Das Strafverfahren dient der Verwirklichung des materiellen Strafrechts. Im Strafprozeß ist festzustellen, ob gegen den Angeklagten ein Strafanspruch entstanden ist, so daß bejahendenfalls die Unrechtsfolgen in einem Urteil festzusetzen sind[48]. Voraussetzung für ein gerechtes Urteil ist das korrekte Feststellen des Tatgeschehens. Deshalb muß für die Rekonstruktion eines Lebenssachverhaltes – also für die Gewinnung einer adäquaten Vorstellung über die vergangene Wirklichkeit – zunächst „Stoffsammlung" betrieben werden[49]. Dem Tatrichter obliegt deshalb nach § 244 II StPO von Amts wegen eine Pflicht zur Aufklärung der Wahrheit[50]. Ein rechtsstaatlich geordnetes Verfahren setzt damit zwar die Ermittlung des wahren Sachverhaltes im oben dargestellten Maß und Umfang als notwendige Grundlage für ein gerechtes Urteil voraus, jedoch nicht um jeden Preis. Die Erforschung des wahren Sachverhaltes darf nur im Rahmen der prozessualen Vorschriften erfolgen[51]. Insbesondere bilden der Schutz der Persönlichkeit des Angeklagten und der Grundsatz der Unschuldsvermutung Begrenzungslinien für die Wahrheitsermittlung[52].

Wie erwähnt, spricht der Gesetzestext selbst schlicht von „Wahrheit", die es zu finden gilt, ohne diesen Begriff näher zu definieren. Der im Strafprozeß als Rekonstruktion ermittelte Sachverhalt wird mit dem tatsächlichen Geschehen, so wie es sich zugetragen hat, aber fast nie deckungsgleich in Übereinstimmung zu bringen sein. Die Suche nach einer absoluten Wahrheit kann deshalb in der Praxis des Strafverfahrens – wie auch die vorangestellte Be-

48 Hetzer, S. 19
49 Sarstedt / Hamm, Rn. 515
50 Schmitt, S. 177
51 AK-Schöch, §244 StPO, Rn. 26
52 Hetzer, S. 20

trachtung gezeigt hat – von § 244 II StPO nicht gefordert werden, sie wäre nicht aussichtsreich[53]. Im Strafprozeß kann es somit nur darum gehen, sich dieser absoluten Wahrheit in einem höchstmöglichen Grade anzunähern[54]. In diesem Sinne muß das in § 244 II StPO normierte Prinzip der „materiellen Wahrheit“ verstanden werden[55].

Der Rahmen, innerhalb dessen diese „materielle Wahrheit“ zu erforschen ist, wird durch die angeklagte Tat bestimmt. Nur Tatsachen, die innerhalb dieses Rahmens liegen, sind prozessual bedeutsam und bedürfen der Aufklärung[56]. Relevant sind alle in Betracht kommenden Tatbestandsvoraussetzungen, Rechtfertigungs-, Schuldausschließungs- sowie Strafzumessungstatsachen. Welche Maßnahmen zur Aufklärung des angeklagten Sachverhaltes notwendig sind, hat der Tatrichter grundsätzlich allein zu beurteilen. Er muß deshalb auch ohne Antrag und ggf. auch gegen den Willen eines Prozeßbeteiligten Beweis erheben, wenn er dies für erforderlich hält[57]. Andererseits ist der Tatrichter aber an Beweisanträge der Prozeßbeteiligten gebunden, sofern nicht einer der in § 244 III-V StPO normierten Ablehnungsgründe eingreift. Auf diese Weise wird der dem Tatrichter zur Verfügung stehende Ermessensspielraum bei der Beurteilung, welche Maßnahmen er für die Sachverhaltsaufklärung für notwendig erachtet, begrenzt[58]. Dieser Ermessensspielraum erfährt dadurch eine weitere Beschränkung, daß der Tatrichter sein Ermessen pflichtgemäß ausüben muß[59]. Die pflichtgemäße Ermessensausübung gebietet, alle nicht schon von vornherein aussichtslosen Schritte zu unternehmen, um eine möglichst zuverlässige Tatsachengrundlage für die spätere Beweiswürdigung im Sinne des § 261 StPO zu erhalten[60].

Im Strafprozeß entscheidet die aus der Beweiswürdigung gewonnene Überzeugung des Tatrichters über die Wahrheit oder Unwahrheit einer Tatsache. Deshalb muß mittels der soeben geschilderten umfassenden Amtsaufklärungspflicht sichergestellt werden, daß sich die richterliche Überzeugungs-

[53] Albrecht, NStZ 1983, 486
[54] vgl. D. II. 3.
[55] Schmitt, S. 177
[56] KK-Herdegen, § 244 StPO, Rn. 19
[57] Schmitt, S. 177
[58] KK-Herdegen, § 244 StPO, Rn. 20
[59] Schmitt, S. 178
[60] LR-Gollwitzer, § 244 StPO, Rn. 40

bildung auf der Basis aller entscheidungsrelevanten und erlaubten Erkenntnismittel vollzieht[61]. Die Würdigung der Beweise kann deshalb erst beginnen, wenn der Aufklärungspflicht aus § 244 II StPO genügt worden ist[62]. Dieser Pflicht zur Erforschung der „materiellen Wahrheit“ ist nicht Genüge getan, wenn ein Beweismittel ungenutzt bleibt, obwohl der vom Gericht soweit festgestellte Sachverhalt zur Anwendung dieses Beweismittels drängte oder dessen Benutzung nahelegte[63]. Je größer also die verbleibenden Zweifel des Gerichts sind, desto mehr muß es sich um die Ausschöpfung aller Beweismittel bemühen[64]. Deshalb muß der Tatrichter selbst dann von einem Beweismittel Gebrauch machen, wenn auch nur die entfernte Möglichkeit besteht, daß sich das bis dahin festgestellte Verfahrensergebnis ändern könnte[65].

Wie problematisch die Umsetzung dieser Anforderungen ist, die an die Wahrheitsermittlungspflicht gestellt werden, wird im nachfolgenden Abschnitt insbesondere unter Berücksichtigung der Feststellung subjektiver Deliktsmerkmale betrachtet.

IV. Das Prinzip der „materiellen Wahrheit“ unter besonderer Berücksichtigung der Feststellung subjektiver Deliktsmerkmale und der Voraussetzungen der §§ 20 und 21 StGB

1. Die Problemstellung

Wie soeben dargelegt wurde, verlangt die Pflicht zur Aufklärung der „materiellen Wahrheit“, daß vom Tatrichter alle Erkenntnismittel eingesetzt werden, die nicht von vornherein aussichtslos erscheinen.

Zu fragen ist deshalb, in welchen Fällen es zur Ermittlung der „materiellen Wahrheit“ – im oben genannten Sinn – geboten ist, einen Sachverständigen zu Rate zu ziehen. Zur Beantwortung dieser Frage wird darauf abgestellt, ob der Tatrichter nach den Erfahrungen des Lebens die zur Wahrheitsfindung er-

---

61 AK-Schöch, § 244 StPO, Rn 27
62 AK-Schöch, § 244 StPO, Rn. 27
63 Maul, S. 50
64 AK-Schöch, § 244 StPO, Rn. 27
65 BGHSt 23, 176, 188; BGHSt 30, 131, 143
BGH NStZ 1983, 376, 377

forderliche Sachkunde überhaupt haben kann[66]. Demnach ist der Tatrichter verpflichtet, einen Sachverständigen zu hören, sofern nur geringste Zweifel an seiner eigenen Sachkunde bestehen[67].

Zu untersuchen ist, inwieweit diesen Anforderungen zur Wahrheitsermittlung bei der Feststellung subjektiver Deliktsmerkmale und der Voraussetzungen der §§ 20 und 21 StGB entsprochen wird. Zur exakten Herausarbeitung der Problemstellung wird nachfolgend genauer auf Umfang und Bedeutung der Sachverständigenbeiziehung eingegangen.

a. Umfang und Bedeutung der Sachverständigenbeiziehung bei der Schuldfähigkeitsfeststellung

Der Rechtsprechung zufolge ist insbesondere dann, wenn sich Zweifel im Hinblick auf die Schuldfähigkeit des Angeklagten ergeben, zur Feststellung der Voraussetzungen der §§ 20 und 21 StGB eine sachverständige Begutachtung geboten[68]. Die Notwendigkeit dessen wurde – im Hinblick auf die Pflicht zur Wahrheitsermittlung – im voranstehenden Kapitel herausgearbeitet.

In der forensischen Praxis ist festzustellen, daß bei der Schuldfähigkeitsfeststellung die psychologische Problematik, die sich hinter den einzelnen Merkmalen der §§ 20 und 21 StGB verbirgt, durch Sachverständige in umfassender Weise erhellt wird[69]. Grund hierfür ist die im letzten Jahrhundert entstandene Kluft zwischen dem Allgemeinwissen und dem Erfahrungsgut der Spezialwissenschaften[70]. Deshalb muß sich der Tatrichter – im Rahmen der ihm überantworteten Pflicht zur Sammlung des Beweisstoffes – mangels eigener Sachkunde das Spezialwissen anderer Fachzweige durch die Beauftragung eines Gutachters erschließen[71].

Der Pflicht zur Aufklärung der „materiellen Wahrheit“ – im Sinne einer möglichst engen Annäherung an die „ganze“ Wahrheit – wird somit durch die

66 BGHSt 3, 169,175
67 BGHSt 23, 8,12
68 Maul, S. 56
69 Krauß, subjektive Elemente, S. 112
70 LR-Dahs, vor § 72 StPO, Rn. 16
71 Sarstedt / Hamm, Rn. 782

Hinzuziehung eines Sachverständigen bei der Schuldfähigkeitsfeststellung Genüge getan.

b. Umfang und Bedeutung der Sachverständigenbeiziehung bei der Feststellung subjektiver Deliktsmerkmale

Obwohl sich – wie dargelegt – die Pflicht zur Erforschung der „materiellen Wahrheit" auf alle Tatsachen im Rahmen der Anklage bezieht[72], also auch auf alle in Betracht kommenden subjektiven Tatbestandsvoraussetzungen[73], ist die Mitwirkung eines Sachverständigen bei der Erarbeitung subjektiver Deliktsmerkmale im Strafprozeß kaum feststellbar[74]. Hier bedarf es in der Regel nicht der Beiziehung eines Sachverständigen[75].

Dies erscheint problematisch, deuten doch gerade Rechtsbegriffe, wie Vorsatz, Zueignungsabsicht, Bereicherungsabsicht und niedrige Beweggründe, den Anwendungsbereich psychologischen Fachwissens an. Das Strafrecht verwendet diese Begriffe in seinen gesetzlichen Bestimmungen doch gerade deshalb, um die innere Motivationsstruktur des Täters zu erfassen. Die subjektiven Deliktsmerkmale vermitteln dem strafrechtlich relevanten Geschehen doch gerade eine psychologische Dimension[76].

Eine Ausnahme bilden die Mordmerkmale des subjektiven Unrechtstatbestandes des § 211 StGB. Zur Frage, ob der Täter aus Mordlust, zur Befriedigung des Geschlechtstriebes oder aus niedrigen Beweggründen getötet hat, werden seit langem Sachverständige gehört[77]. Doch sind hierfür im Regelfall nicht Bedenken des Tatrichters gegenüber seiner eigenen Sachkunde ursächlich, vielmehr äußert sich der Sachverständige zur Beurteilung der subjektiven Mordmerkmale eher routinemäßig, weil er zur Feststellung der Voraussetzungen der §§ 20 und 21 StGB zu Rate gezogen wird. Die subjektiven Mordmerkmale sind nämlich häufig zugleich Indikatoren für eine vermin-

---

72 vgl. D. III.
73 AK-Schöch, § 244 StPO, Rn. 30
74 Verrel, S. 145; Krauß, subjektive Elemente, S. 112
75 Maul, S. 57
76 Hetzer, S. 79
77 Schewe, S. 695

derte Schuldfähigkeit[78]. Jenseits dieser Problematik wird die Feststellung subjektiver Deliktsmerkmale überwiegend allein von Juristen wahrgenommen. Gutachterliche Äußerungen zu Absicht und Motivation des Täters spielen kaum eine Rolle[79].

c. Die Konsequenzen für die Problemstellung

Aus dieser Darstellung über Bedeutung und Umfang der Sachverständigenbeiziehung bei der Schuldfähigkeitsfeststellung und der Feststellung subjektiver Deliktsmerkmale ergibt sich die Frage, ob mit der weitgehenden Ausblendung der psychologischen Dimension bei der Feststellung des subjektiven Tatbestandes eine Verkürzung der Wahrheitsfindung stattfindet[80]. Ist dies der Fall, dann liegt unter Berücksichtigung der Pflicht zur Erforschung der „ganzen" Wahrheit ein Aufklärungsmangel vor, der zu Justizirrtümern und Fehlverurteilungen führen kann[81].

Der Grund für die weitgehende Nichtnutzung gutachterlicher Hilfe bei der Feststellung subjektiver Deliktsmerkmale kann in der dogmatischen Konstruktion des materiellen Strafrechts zu finden sein. Geprüft wird deshalb, ob die Dogmatik des Strafrechts das prozessuale Ziel, nämlich „materielle Wahrheit" zu erkennen, bei der Feststellung des subjektiven Tatbestandes zwangsläufig einschränkt und dazu auffordert, weniger Realität aufzuspüren[82]. Es ist zu klären, wie subjektiv subjektive Deliktsmerkmale verstanden werden dürfen[83].

---

[78] Krauß, subjektive Elemente, S. 112f
[79] Jäger, S. 175
[80] Krauß, subjektive Elemente, S. 114
[81] Jäger, S. 176
[82] Albrecht, NStZ 1983, 486, 487
[83] Krauß, subjektive Elemente, S. 110

2. Die Pflicht zur Aufklärung „materieller Wahrheit" im Kontext strafrechtlicher Dogmatik

Die voranstehenden Ausführungen in dieser Arbeit haben zu der Fragestellung geführt, ob die dogmatische Konstruktion des materiellen Strafrechts bei der Feststellung subjektiver Deliktsmerkmale die Hinzuziehung sachverständiger Hilfe weitgehend ausschließt und dadurch ein Aufspüren der „ganzen" Wahrheit verhindert. Diese Problematik wird im folgenden in Auseinandersetzung mit drei zu dieser Problematik vertretenen Ansichten erörtert.

a. Die esoterische Psychologie des Strafrechts

Nach einer von Bockelmann vertretenen Auffassung verwendet das Strafrecht zwar Begriffe, die klingen, wie die Namen korrespondierender Phänomene aus dem Bereich der Psychologie. Beispielhaft wird der Begriff des „Vorsatzes" genannt. Diesen Begrifflichkeiten liegt aber eine eigene, nur für Eingeweihte und Fachleute verständliche innerliche – esoterische – „Psychologie" zugrunde. Deliktsmerkmale dienen dem Zweck, dem gesellschaftlichen Leben eine rationale Ordnung zu geben und stellen „Titel" dar, um menschliche Handlungen einer Bewertung zugänglich zu machen. Ihre Aufgabe ist es aber nicht, psychologische Lehrsätze aufzustellen und das Recht an die Inhalte der Psychologie zu binden[84].

Hieraus folgt, daß die subjektiven Deliktsmerkmale des Strafrechts gegen eine Antastung aus rechtsfremden Bereichen – also auch seitens der Psychologie – sicher sind und insofern eine Verkürzung der Wahrheitsfindung dogmatisch begründbar ist, wenn Sachverständige zur Feststellung subjektiver Deliktsmerkmale nicht herangezogen werden.

b. Die kollektiv-psychologische Theorie

Den vorangegangenen Ausführungen ist entgegenzuhalten, daß die subjektiven Deliktsmerkmale des Strafrechts, selbst wenn sie nur „Titel" darstellen

---

[84] Bockelmann, S. 12

um menschliches Handeln einer rechtlichen Bewertung zugänglich zu machen, auf psychische Realitäten Bezug nehmen. Damit ist es auch sachgerecht, diese Realitäten mit Hilfe der zuständigen Wissenschaften aufzuklären. Dieses ist notwendig, damit das Strafrecht nicht in den Verdacht gerät, die Wahrheit gar nicht aufklären, sondern lediglich gesellschaftliche Strafbedürfnisse befriedigen zu wollen[85].

An die Befriedigung von Strafbedürfnissen schließen sich die Überlegungen Haffkes an, der gerade davon ausgeht, daß der Adressat einer jeden Strafe nicht der jeweilige Täter ist, sondern die strafende Gesellschaft[86]. Auch wenn es Aufgabe des Rechtsstaates ist, kollektiven Bestrafungstendenzen entgegenzuwirken, so ist das Strafrecht primär eine kollektive Reaktion auf ein abweichendes bzw. als abweichend definiertes Verhalten. Sicher ist anzustreben, daß auf ein abweichendes Verhalten ausschließlich rational reagiert wird, doch bis dieser Zustand in der Gesellschaft erreicht ist, müssen die treibenden kollektiven Kräfte in der gegenwärtigen Strafrechtswirklichkeit berücksichtigt werden[87]. Solange sich das Strafrecht von kollektiven Bestrafungstendenzen nicht frei gemacht hat, muß es diese mitbefriedigen[88].

Daraus folgt, daß auch die subjektiven Deliktsmerkmale eine primär kollektiv-psychologische Funktion haben. Die subjektiven Deliktsmerkmale sind „Titel", um eine menschliche Handlung einer rechtlichen Bewertung zugänglich zu machen. Damit ist das Strafrecht – dieser Auffassung folgend – nicht an individualpsychologische Inhalte gebunden. Es muß vielmehr gesellschaftlich begründeten Strafbedürfnissen Rechnung tragen. Den subjektiven Deliktsmerkmalen des Strafrechts liegt mithin eine eigene Kollektiv-Psychologie zugrunde, so daß ihre individualpsychologische Deutung dogmatisch verfehlt wäre[89]. Insofern verhindert diese kollektiv-psychologische Ausgestaltung das Aufspühren der tätereigenen Motivationsstruktur als individualpsychologische Realität oder Wahrheit.

---

[85] Jäger, KrimJ 1976, 98, 110
[86] Haffke, S. 138
[87] Haffke, S. 158
[88] Haffke, S. 165
[89] Haffke, S. 140

c. Die subjektiven Deliktsmerkmale und ihre Subjektivitätsebenen

Auch Krauß sieht subjektive Deliktsmerkmale als Tatbestandsvoraussetzungen, die dazu dienen, die Qualität einer Handlung zu bestimmen. Die Tathandlung soll einer bestimmten normierten Tatbestandsschablone zugeordnet werden können[90]. Demonstrieren läßt sich die Auffassung von Krauß am Beispiel der Zueignungsabsicht, einem anerkannt subjektiven Deliktsmerkmal[91].

Es wird von der Fall-Situation ausgegangen, daß ein wohlhabender Autofahrer eine Anhalterin mitnimmt. Kurz darauf stoppt der Autofahrer das Fahrzeug und nötigt die Frau mit vorgehaltener geladener Pistole, die er auf den Unterleib der Mitfahrerin richtet, ihm ihre Handtasche herauszugeben. Diese beabsichtigt er zu behalten. Anschließend fordert er die Anhalterin auf, den PKW zu verlassen[92].

Für die rechtliche Bewertung des Falles als ein Eigentumsdelikt kommt es darauf an, ob der Autofahrer das subjektive Deliktsmerkmal „Zueignungsabsicht" erfüllt.

Wird das Vorliegen der Zueignungsabsicht unter Hinzuziehung eines psychologischen Sachverständigen beurteilt, wird dieser die Tat als sexuell motiviert erklären, mithin als Sexualdelikt. Er wird die auf den Unterleib der Anhalterin gerichtete Pistole als Phallus deuten, die Handtasche als Fetisch werten und somit die gesamte Tat als sexuelle Nötigung eines impotenten Mannes beurteilen.

Die subjektiven Deliktsmerkmale sind jedoch nach dem vorab Gesagten von ihrer Funktion her nicht darauf angelegt, einen ausdifferenzierten psychologischen Befund über den Motivationsablauf in der Täterpsyche zu liefern. Vielmehr sind sie lediglich Schablonen, um die Qualität einer Handlung zu bestimmen, damit diese einem Werturteil zugänglich gemacht werden kann. Diese Schablone – also auch das subjektive Deliktsmerkmal – orientiert sich an der objektiv gegebenen Störung der Rechtsordnung, mithin am Angriffs-

---

90 Krauß, subjektive Elemente, S. 119

91 Schönke/Schröder-Eser, § 242 StGB, Rn. 44, 46

92 Krauß, subjektive Elemente, S. 118

objekt. Die Tatbestandsmerkmale wollen den äußeren Tatablauf einer standardisierten Wertung zugänglich machen und nicht dem Täter als Person schon in allen Einzelheiten gerecht werden. Es ist demnach zu fragen, welche objektiv wirkende Störung die Tathandlung auf das Angriffsobjekt hat[93]. Das heißt jedoch nicht, daß ein subjektives Deliktsmerkmal rein objektiv zu erschließen ist. Die Subjektivität, die hinter dem Akt des Sich-Zueignenwollens steckt, ist aber nur auf das soziale Ziel der Handlung hin zu befragen. Es ist hingegen nicht zu fragen, was für die Täterpersönlichkeit hinter der Handlung steckt. Es geht nur darum, die Subjektivität einer Handlung soweit zu erforschen, daß diese strafrechtlich eingeordnet werden kann[94].

Juristisch betrachtet ist das Merkmal der „Zueignungsabsicht" erfüllt, sofern der Täter mit Enteignungswillen und Aneignungsabsicht handelt[95]. Enteignungswille ist gegeben, wenn der Täter zumindest in Kauf nimmt, daß der wahre Eigentümer aus seiner wirtschaftlichen Position verdrängt und ihm insbesondere die Sachsubstanz entzogen wird. Die Aneignungsabsicht liegt vor, wenn es dem Täter gerade darauf ankommt, die Sache seinem eigenen Vermögen oder dem eines Dritten einzuverleiben[96].

Wird für die Beurteilung des Tatbestandsmerkmals der „Zueignungsabsicht" diese Definition und nicht die psychologische Motivationsstruktur des Täters zugrunde gelegt, dann ergibt sich, daß der Autofahrer es in Kauf genommen hat, daß die Anhalterin dauerhaft von ihrer Eigentumsposition an der Handtasche ausgeschlossen wird. Mithin hatte er Enteignungswillen. Außerdem kam es ihm darauf an, die Handtasche dem eigenen Eigentum einzuverleiben und handelte somit in Aneignungsabsicht. Folglich sind die oben formulierten Voraussetzungen für das Vorliegen des subjektiven Deliktsmerkmals „Zueignungsabsicht" gegeben und die strafrechtliche Bedeutung der Tat ist als ein Verstoß gegen die Eigentumsordnung und mithin als Eigentums- und nicht als ein Sexualdelikt zu werten[97].

93 Krauß, subjektive Elemente, S. 119
94 Krauß, subjektive Elemente, S. 120
95 Schönke/Schröder-Eser, § 242 StGB, Rn. 47
96 Schönke/Schröder-Eser, § 242 StGB, Rn. 47
97 Krauß, subjektive Elemente, S. 119

Das Fallbeispiel zeigt offensichtlich, daß eine dogmatisch begründete Nichtnutzung psychologischer Erkenntnisse bei der Feststellung subjektiver Deliktsmerkmale sich mit der Forderung nach individueller Gerechtigkeit – die durch das Strafurteil erreicht werden soll – nur dann vereinbaren läßt, wenn der individuellen Eigenart des Täters bei der Strafzumessung Rechnung getragen wird[98]. Problematisch erscheint dies im Hinblick auf § 46 III StGB, der gebietet, daß Umstände, die schon bei der Feststellung des gesetzlichen Tatbestandes berücksichtigt worden sind, bei der Strafzumessung nicht nochmals berücksichtigt werden dürfen.

Doch ist zu bedenken, daß das subjektive Deliktsmerkmal eine zusätzliche Dimension enthält, die noch gar keine Berücksichtigung gefunden hat, nämlich die psychologisch zu erhellende Motivationsstruktur des Täters[99].

Das Beispiel der Zueignungsabsicht macht deutlich, daß ein subjektives Deliktsmerkmal zwei Subjektivitätsebenen anspricht, die sich als eine vordergründige und als eine hintergründige Subjektivitätsebene beschreiben lassen. Die vordergründige Ebene gibt die Beziehung des Täters zum Angriffsobjekt an, fragt also danach, ob der Täter sich das Tatobjekt aneignen und den wahren Eigentümer enteignen will. Ist dieses der Fall, dann ist das Vorliegen des subjektiven Deliktsmerkmales „Zueignungsabsicht" positiv zu bejahen. Die hintergründige Subjektivitätsebene fragt nach der wahren Persönlichkeit des Täters, also danach, was aus psychologischer Sicht den Täter zur Ausführung der Tathandlung motiviert hat. Diese Ebene muß – wie dargestellt – bei der Strafzumessung berücksichtigt werden.

Insofern schränkt – der Auffassung von Haffke folgend – die dogmatische Konstruktion des materiellen Strafrechts das prozessuale Ziel, die „ganze" Wahrheit zu erkennen, zunächst ein. Doch wird die Annäherung an die objektive Wahrheit schließlich dadurch vollzogen, daß die Komplexität der Straftat, mit ihrem psychologischen Hintergrund, im Mittelpunkt der Strafzumessung steht und hier breit zu entfalten ist. Demzufolge wird schließlich doch dem prozessualen Ziel einer möglichst umfassenden Sachverhaltsaufklärung zur Ermittlung materieller Wahrheit entsprochen[100].

---

98 Krauß, subjektive Elemente, S. 128f

99 Krauß, subjektive Elemente, S. 129

100 Albrecht, NStZ 1983, 486, 487

d. Eine kritische Würdigung der dargelegten Erklärungsansätze

Beschrieben wurden verschiedene Auffassungen von der dogmatischen Ausgestaltung subjektiver Deliktsmerkmale. Gemeinsam ist diesen Ansichten, daß bei der Feststellung subjektiver Deliktsmerkmale die Nichtnutzung psychologischer Erkenntnisse zur Ergründung der individuellen Motivationsstruktur des Täters – und damit ein Zurückbleiben hinter dem Ideal des Erfassens der „ganzen“ Wahrheit – mit dogmatischen Argumenten zu erklären versucht wird. Den Rechtsbegriffen und damit auch den subjektiven Deliktsmerkmalen wird eine einordnende oder kategorisierende Funktion verliehen. Subjektive Kriterien dienen als „Titel“ und „Schablonen“, um ein Tatgeschehen dogmatisch erfassen zu können, nicht aber dem Aufspüren von psychologischer Realität.

Die Folge ist, daß Sachverhalte normativen Rastern angepaßt werden. Die psychische Realität wird vereinfacht unter Inkaufnahme eines erheblichen Realitätsverlustes[101], mithin unter einem Verlust an Wahrheit.

Einerseits lassen sich subjektive Deliktsmerkmale per Definition zwar auf „Titel“ und „Schablonen“ reduzieren. Andererseits werden über diese „Titel“ und „Schablonen“ dennoch Wirklichkeitsausschnitte in den Strafprozeß transportiert, die genauso der prozessualen Aufklärung bedürfen, wie objektive Deliktsmerkmale auch[102]. Das Gesetz läßt keine Gründe erkennen, die dafür sprechen, daß bei der Aufklärung der „materiellen Wahrheit“ im Hinblick auf subjektive Deliktsmerkmale ein geringerer Sorgfaltsmaßstab anzuwenden ist. Subjektive Deliktsmerkmale sind keine Kriterien minderen Ranges, an die nur herabgesetzte Aufklärungsanforderungen zu stellen sind[103].

Sachgerecht erscheint es, die subjektiven Deliktsmerkmale definitorisch auf eine „Schablonen-Funktion“ zu reduzieren, um eine menschliche Handlung einer rechtlichen Wertung zugänglich zu machen, wenn als „Ausgleich“ die psychologische Dimension einer Handlung – also die tätereigene Motivationsstruktur – im Mittelpunkt der Strafzumessung steht und hier umfassend erhellt wird[104]. Hiergegen ist jedoch zu bemerken, wie Jäger feststellt, daß es

---

101 Jäger, S. 176
102 Jäger, S. 177
103 Jäger, S. 179
104 vgl. Krauß, D. IV. 2. c.

in der gegenwärtigen Strafrechtspraxis keine Anzeichen dafür gibt, daß sich Gerichte bei der Strafzumessung wirklich um die komplexe Motivationsaufhellung bemühen[105].

Selbst wenn mit Haffke anerkannt würde, daß Strafrecht und damit auch ein subjektives Deliktsmerkmal primär der Befriedigung von gesellschaftlichen Strafbedürfnissen dient[106], so wäre deshalb noch nicht ersichtlich, was von diesen kollektiven Strafbedürfnissen im einzelnen toleriert und gefordert wird. Die kollektiv-psychologische Theorie liefert jedenfalls keine Hinweise darauf, daß eine psychologische Aufhellung der Motivationsstruktur des Täters bei der Feststellung von subjektiven Deliktsmerkmalen von der Gesellschaft nicht mehr akzeptiert werden würde[107].

Außerdem müßte der Wortlaut des Gesetzes klargestellt werden, sollte der kollektiv-psychologischen Theorie gefolgt werden. Zum Ausdruck gebracht werden müßte beispielsweise, daß die subjektiven Mordmerkmale sich nicht auf die individuellen Beweggründe des Täters beziehen, sondern dann als erfüllt anzusehen sind, wenn die kollektive gesellschaftliche Empörung die Tat als besonders scheußlich einstuft[108]. Aber gerade beim Mord, wo es darum geht festzustellen, ob der Täter unter Verwirklichung subjektiver Mordmerkmale einen Menschen getötet hat, kommt es darauf an, die Beweggründe für dieses kriminelle Drama aufzuklären. Eine Verurteilung auf Grundlage kollektiver Klischeevorstellungen wäre nicht sachgerecht[109].

Gegen eine Wahrheitsfindung im Wege einer Aufhellung der psychologischen Motivationsstruktur des Täters bei der Feststellung subjektiver Deliktsmerkmale läßt sich einwenden, daß es – so jedenfalls Jäger – keine wissenschaftliche Untersuchungsmethode gibt, mit der die Absicht des Täters im Tatzeitpunkt exakt zu ermitteln ist. Aber auch wenn dieses so ist, dann ist damit doch nicht gesagt, daß nicht wenigstens versucht werden sollte, die individuelle Motivationsstruktur des Täters zu erschließen. Der Strafprozeß

[105] Jäger, S. 179
[106] vgl. Haffke, D. IV. 2. b.
[107] Jäger, S. 183f
[108] Haffke, S. 154
[109] Jäger, S. 189

muß anstreben, das Handlungsziel des Täters so exakt wie nur möglich aufzuklären[110].

Die Mitberücksichtigung psychologischer Momente durch den Tatrichter kann beispielsweise zur Folge haben, daß ein Jugendlicher, der in einem fremden Auto planlos herumfährt, nicht wegen Diebstahls am Fahrzeug verurteilt wird, sondern wegen unbefugtem Gebrauch des Kraftfahrzeuges. Unter psychologischer Betrachtung kann es sich so verhalten, daß der Jugendliche nicht das subjektive Deliktsmerkmal der Zueignungsabsicht erfüllt, also nicht die Absicht hat, sich den Wagen anzueignen und auch nicht in Kauf nimmt, den wahren Eigentümer aus seiner Eigentümerposition zu verdrängen. Vielmehr dient seine Tathandlung – aus psychologischer Sicht – dem Abbau einer seelischen Spannung[111].

Dem läßt sich jedoch entgegenhalten, daß jeder Sachverhalt verhandlungsfähig bleiben muß. Wenn die Probleme für die Auseinandersetzung im Strafprozeß durch die Integration fremden Fachwissens, beispielsweise aus dem Bereich der Psychologie, zu schwierig werden, dann ist es unumgänglich die Probleme zu vereinfachen[112]. Mit Hilfe strafrechtlicher Dogmatik – das wurde eingangs dargelegt – kann eine Reduktion von Komplexität stattfinden[113]. Die subjektiven Deliktsmerkmale können als „Titel", als „Schablone", als normative „Raster" fungieren, die die entscheidungserheblichen psychologischen Probleme verkürzen[114], damit das Strafverfahren in der „Entscheidungsfabrik Strafjustiz" handhabbar und durchführbar bleibt[115].

Dieser Position ist zu entgegnen, daß es zwar richtig ist, daß die strafprozessuale Wahrheitsfindung gewissen Grenzen unterworfen ist, insbesondere durch die Regelungen zum Schutz des Beschuldigten und zur Strukturierung des Verfahrensablaufs. Auch sind die betrieblichen Möglichkeiten der Justiz begrenzt. Die Notwendigkeit, in einer begrenzten Zeitspanne termingerechte und eindeutige Entscheidungen zu treffen, beeinflußt ebenfalls den Prozeß der Wahrheitsfindung[116]. Auch ist es erforderlich, den Strafprozeß dem Er-

---

[110] Jäger, S. 187
[111] Jäger, S. 187f
[112] Krauß, materielle Wahrheit, S. 74
[113] Krauß, materielle Wahrheit, S. 72
[114] Krauß, materielle Wahrheit, S. 74f
[115] Krauß, materielle Wahrheit, S. 73
[116] Hetzer, S. 23

kenntnishorizont der Prozeßbeteiligten anzupassen. Die Berücksichtigung dieser Gesichtspunkte darf aber nicht dazu führen, daß das Verfahren zu seinem in § 244 II StPO gesetzlich normierten Wahrheitsfindungsanspruch in Widerspruch gerät[117].

Zu beachten ist außerdem, daß keines der vorgestellten Begründungsmodelle eine Erklärung dafür liefert, warum in Grenz- und Zweifelsfällen die gutachterliche Feststellung der Schuldfähigkeit hingenommen wird, nicht dagegen aber die sachverständige Feststellung subjektiver Deliktsmerkmale[118].

Nicht zu bestreiten ist, daß es Fälle gibt, in denen ein Gutachter zum Vorliegen eines subjektiven Deliktsmerkmals keine verläßliche Antwort geben kann, weil das vom Richter an ihn herangetragene Begriffssystem nicht ausreicht[119]. Genauso gibt es aber auch Situationen, in denen die auftretenden Fragen über die Möglichkeiten der richterlichen Tatsachenfeststellung hinausgehen und nur ein Sachverständiger etwas zur Aufklärung beitragen kann[120]. Diese Psychologisierung des Strafverfahrens mag zwar unerwünscht sein, doch darf sie nicht auf Kosten der Wahrheitsfindung ausgeklammert werden[121].

Abschließend wird deutlich darauf hingewiesen, daß es nicht die Aufgabe des Sachverständigen ist, im Prozeß darüber zu befinden, was eigentlich ein subjektives Deliktsmerkmal ist. Ebensowenig hat der Gutachter über den subjektiven Tatbestand ein Urteil zu treffen. Die Würdigung der Beweise obliegt allein dem Richter. Der Sachverständige hat aber seinen Beitrag zur Aufklärung und zur Rekonstruktion des Tatherganges – also zur Wahrheitserforschung – zu leisten[122].

---

[117] Jäger, S. 178
[118] Jäger, S. 184
[119] Hetzer, S. 84
[120] Schewe, S. 699
[121] Hetzer, S. 84; Schewe, S. 699
[122] Schewe, S. 694f

V. Zwischenergebnis

Gezeigt wurde, daß die kritisch beleuchteten Aussagen über den psychologischen Gehalt subjektiver Deliktsmerkmale zwar unter Heranziehung der dogmatischen Konstruktion des matereiellen Strafrechts Erklärungen dafür liefern, weshalb zur Aufklärung „materieller Wahrheit" im Strafprozeß die genauere Erforschung subjektiver Deliktsmerkmale nicht erforderlich ist. Es fehlt aber – wie darzulegen versucht wurde – an wirklich überzeugenden Gründen dafür.

Um der aus § 244 II StPO resultierenden Pflicht zur Aufklärung der „materiellen Wahrheit" gerecht zu werden, ist es deshalb erforderlich, auch subjektive Deliktsmerkmale einer sachverständigen Erforschung zugänglich zu machen. Nur dann wird der im Anschluß an die Wahrheitermittlung erfolgenden Beweiswürdigung – zur Bildung einer richterlichen Überzeugung von der Wahrheit – eine ausreichend breite Grundlage geboten.

Solange im Strafprozeß Sachverständige zur Feststellung des subjektiven Tatbestandes nur in geringem Maße gehört werden, bleibt Strafrecht dem Vorwurf ausgesetzt, nicht die Realität als Grundlage für ein gerechtes Urteil heranzuziehen und an der „ganzen" Wahrheit nicht interessiert zu sein.

E. ZUM PRINZIP DER „FREIEN BEWEISWÜRDIGUNG“

I. Vorbemerkung

Fast einhellig definieren Rechtsprechung und Literatur die „freie Beweiswürdigung“ dahingehend, daß der Richter nicht an Beweisregeln gebunden ist. Der Tatrichter soll nicht an Bestimmungen darüber gebunden sein, unter welchen Voraussetzungen er eine Tatsache als bewiesen anzusehen hat[123]. Seine Überzeugungsbildung soll „frei“ sein. Was genau darunter zu verstehen ist und inwieweit tatsächlich von einer „Freiheit“ des Überzeugungsbildungsprozesses gesprochen werden kann, wird im folgenden Kapitel erörtert. Dabei wird im einzelnen folgendermaßen vorgegangen:

Zunächst wird auf die rechtshistorische Gewordenheit des Prinzips der „freien Beweiswürdigung“ eingegangen. Es wird aufgezeigt, wie sich der Grundsatz der „freien Beweiswürdigung“ unter dem Einfluß der Rechtsprechung und der Rechtswissenschaft zu einer stärkeren Sachgebundenheit der richterlichen Überzeugungsbildung fortentwickelt hat. Dieses ist notwendig, weil die Probleme der Gegenwart – wie in der Begründung zur methodischen Vorgehensweise dargelegt wurde – erst verstanden werden können, wenn auch der ursprüngliche Sinn des Grundsatzes der „freien Beweiswürdigung“ verdeutlicht worden ist.

Daran anschließend erfolgt eine deskriptiv-definitorische Betrachtung des Prinzips der „freien Beweiswürdigung“ unter Berücksichtigung der Frage, wie „frei“ die Beweiswürdigung tatsächlich ist. Dabei soll der Überzeugungsbildungsprozeß beschreibend betrachtet werden, wobei seine relevanten Züge herausgearbeitet und die inhaltlichen Bindungen der „freien“ Beweiswürdigung bestimmt werden.

Im Anschluß daran wird exemplarisch anhand der Feststellung subjektiver Deliktsmerkmale die Notwendigkeit der Fortentwicklung des Prinzips der „freien Beweiswürdigung“ hin zu einem Grundsatz der „objektiv-subjektiven“ Beweiswürdigung nachvollzogen und diskutiert.

---

[123] BGH NJW 1982, 2882, 2883; KK-Hürxthal, § 261 StPO, Rn. 28; BGHSt 29, 18, 20; Kleinknecht/Meyer-Goßner, § 261 StPO, Rn. 3

II. Zur rechtshistorischen Gewordenheit des Prinzips der „freien Beweiswürdigung"

Ausgehend von einem geschichtlichen Rückblick wird die Gewordenheit des Prinzips der „freien Beweiswürdigung" unter Berücksichtigung der Rechtsprechung des Reichsgerichts und der des Bundesgerichtshofes sowie der im rechtswissenschaftlichen Schrifttum geäußerten Ansichten nachgezeichnet.

1. Ein geschichtlicher Rückblick

Nach § 261 StPO hat der Tatrichter seine Überzeugung aus dem Inbegriff der Verhandlung zu schöpfen, wobei dieser Überzeugungsbildungsvorgang nach dem Wortlaut des Gesetzes „frei" ist. Der Wesensgehalt dieses Prinzips der „freien" Beweiswürdigung ist erst zu verstehen, wenn ein Blick zurück auf seine historische Bedeutung geworfen wird.

Der Grundsatz der „freien Beweiswürdigung" zielte ursprünglich auf die Beseitigung der gesetzlichen Beweistheorie, wie sie sich seit dem Hochmittelalter im deutschen Strafprozeß herausgebildet hatte. Die gesetzliche Beweistheorie sah vor, daß der Strafrichter eine Verurteilung nur dann aussprechen konnte, wenn bestimmte rechtlich vorgeschriebene Beweise erbracht waren. Danach war zur Verhängung einer Strafe ein sogenannter Vollbeweis notwendig[124]. Dieser bestand zum einen in der Aussage zweier Wissenszeugen. Waren diese nicht vorhanden, so konnte die gesetzlich verwirkte Strafe nicht verhängt werden. Richteten sich gegen den Angeklagten aber starke Verdachtsmomente in der Form, daß ein Augenzeuge vorhanden war oder konnten die Indizien von zwei Zeugen beglaubigt werden, so war es möglich, diesen sogenannten Halbbeweis durch ein Geständnis des Angeklagten zu ergänzen. Damit konnte seine Verurteilung erfolgen. Da in der Regel nicht mit einem Geständnis zu rechnen war, wurde die Geständniserzwingung für zulässig erklärt. Mit der schrittweise erfolgten Abschaffung der Geständniserzwingung wurde der gesetzlichen Beweistheorie dann aber zunehmend der Boden entzogen[125].

[124] Jerouschek, GA 1992, 493, 497
[125] Jerouschek, GA 1992, 493, 498

Gefordert wurde im 19. Jahrhundert die „Freiheit“ der Beweiswürdigung. Sachsen übernahm mit der Einführung der „freien Beweiswürdigung“ 1838 eine Vorreiterrolle. Als Bedenken gegen die „Freiheit“ der Beweiswürdigung wurde jedoch geäußert, daß der Berufsrichter mit der Entbindung von gesetzlich normierten Beweisregeln zu einem Geschworenen gemacht würde[126]. Der preußische Justizminister Friedrich Carl von Savigny führte trotz dieser Befürchtungen die „freie Beweiswürdigung“ mit dem Gesetz vom 17. Juli 1846 in die Gerichtspraxis Preußens ein und trat dem Einwand entgegen, daß die „freie“ Beweiswürdigung willkürliche Entscheidungen zur Folge habe.

Der Richter sollte fortan an keine zwingenden gesetzlichen Regeln mehr gebunden sein. Für die Würdigung der Beweise sollte die Überzeugung des Richters maßgeblich sein. Diese „Freiheit“ bedeutete jedoch nicht eine Entbindung von den Regeln der Logik und von Erfahrungssätzen. Ebenso war damit auch keine Befreiung von jeder Rechenschaftspflicht verbunden. Es bestand nicht die Vorstellung, daß der Richter eine rein subjektive Entscheidung zu treffen habe[127]. Vielmehr besagte § 19 des Preußischen Gesetzes von 1846, daß der Richter unter genauer Prüfung der Beweise seine Überzeugung zu bilden habe und daß er verpflichtet sei, die Gründe, die ihn dabei geleitet haben, im Urteil anzugeben[128].

Das Rechtsinstitut der freien Überzeugungsbildung wurde schließlich zu einem selbstverständlichen Element des deutschen Strafverfahrens. Auch bei der Einführung in die Reichsprozeßordnung ist es nicht mehr näher diskutiert worden[129].

---

126 Jerouschek, GA 1992, 493, 496
127 Küper, S. 41; Fezer, StV 1995, 95, 96
128 Küper, S. 32; Fezer, StV 1995, 95
129 Küper, S. 43

2. Die Rechtsprechung des Reichsgerichts

In den Urteilen des Reichsgerichts hat sich schließlich immer mehr die Tendenz verstärkt, das „Freie" im Prozeß der Beweiswürdigung als einen rein subjektiven richterlichen Freiraum zu erblicken[130]. Im Rahmen dieser subjektiven Theorie wurde stets die volle zustimmende innere Stellungnahme des Richters für die Bildung der richterlichen Überzeugung verlangt[131]. Da aber der menschlichen Erkenntnis ein absolut sicheres Wissen unmöglich ist, sollte der Tatrichter unter erschöpfender und gewissenhafter Anwendung der vorhandenen Erkenntnismittel einen Grad hoher Wahrscheinlichkeit in Bezug auf die zu ermittelnde Wahrheit erreichen. Das Bewußtsein des Tatrichters vom Vorliegen eines solchen Grades hoher Wahrscheinlichkeit galt dann als die Überzeugung von der Wahrheit[132].

3. Die „subjektive Theorie" des Bundesgerichtshofes

Die Rechtsprechung des Bundesgerichtshofes knüpfte an die des Reichsgerichts an und machte die persönliche Gewißheit des Richters zum bestimmenden Element der Überzeugungsbildung[133].

Nach der grundlegenden Entscheidung des BGH[134] bedeutet „freie Beweiswürdigung", daß es allein darauf ankommt, ob der Tatrichter die Überzeugung von einem bestimmten Sachverhalt erlangt hat oder nicht. Diese persönliche Gewißheit – so der BGH – ist für die Verurteilung notwendig, aber auch genügend. Da eine absolute, von niemandem anzweifelbare Gewißheit, die Wahrheit erkannt zu haben, jedoch nicht erreichbar ist, soll es entsprechend dieser Entscheidung genügen, ein Maß an Sicherheit zu erreichen, dem vernünftige Zweifel nicht mehr entgegengebracht werden können[135]. Dies bedeutet, daß die bloß theoretische Möglichkeit, daß das Tatgeschehen auch anders hätte gewesen sein können, die Verurteilung des Ang-

130 Fezer, StV 1995, 95, 96
131 Schmidt, A., S. 89
132 RGSt 61, 202, 206; Schmidt, A., S. 80
133 Albrecht, NStZ 1983, 486, 487; Herdegen, NStZ 1987, 193, 196
134 BGHSt 10, 208
135 BGH St 10, 208, 209

klagten nicht verhindern kann[136]. Für die Frage, ob noch ein vernünftiger Zweifel vorliegt, ist nicht auf den besonnenen Beurteiler abzustellen, sondern die persönliche Überzeugung des jeweiligen Tatrichters maßgeblich. Für ihn muß der Sachverhalt zweifelsfrei feststehen[137]. Hat er noch die leisesten Zweifel an der Schuld des Angeklagten, fehlt es an der für die Verurteilung erforderlichen Überzeugung[138]. Es ist demnach die dem Tatrichter allein übertragene Aufgabe – nur seinem Gewissen verantwortlich – zu prüfen, ob er sich von einem bestimmten Sachverhalt überzeugen kann oder nicht[139].

Der Bundesgerichtshof bekannte sich damit zunächst ebenfalls zu einer „subjektiven Theorie", die die persönliche Überzeugung des Tatrichters als alleiniges Kriterium für die Beweiswürdigung ansah[140].

4. Zur Kritik aus dem rechtswissenschaftlichen Schrifttum

Zu respektieren ist diese Auffassung des BGH, die das persönliche Gewißheitserlebnis in den Mittelpunkt des richterlichen Überzeugungsbildungsprozesses stellt, zunächst deshalb, weil damit der Persönlichkeit des Richters eine hohe Achtung entgegengebracht wird. Wer über wahr und falsch, über richtig und unrichtig zu entscheiden hat, also durch seine Entscheidungen das Schicksal von Menschen beeinflußt und damit tief in soziales Leben eingreift, der braucht eine gewisse Freiheit auf der Suche nach der Wahrheit.

Zudem besteht für den Richter immer das Risiko, die Wahrheit zu verfehlen. Dieses Risiko muß er tragen und verantworten können. Dieses wäre nicht möglich, wenn er von seinen Entscheidungen nicht überzeugt ist. Deshalb kann auf das subjektive Element im Überzeugungsbildungsprozeß – die persönliche Gewißheit – nicht verzichtet werden. Sie ist eine notwendige Bedingung des Schuldspruchs[141].

Die fallentscheidende Gewißheit des Richters kann aber nicht Privatsache sein. Der Richter muß für seine Sachverhaltsannahme Gründe darlegen. Die

136 BGH NJW 1951, 122
137 Schmidt, A., S. 91
138 Schmidt, A., S. 92
139 Meurer, S. 537
140 Meurer, S. 539; Herdegen, NStZ 1987, 193, 196
141 Herdegen, NStZ 1987, 193, 197

Beweiswürdigung muß also sachentsprechend bzw. sachgebunden erfolgen[142].

Dementsprechend formuliert Peters, daß der Grundsatz der „freien Beweiswürdigung“ den Richter zwar von starren Beweisregeln befreit, es dennoch aber Bindungen gibt, die sich aus der Sache selbst ergeben. Der Beweiswürdigungsvorgang muß an objektiven Maßstäben orientiert bleiben. Die subjektive Wertung durch den Tatrichter braucht einen objektiven Unterbau[143]. Peters bekräftigt, daß die Überzeugung des Richters auf objektiver Grundlage gewonnen werden muß[144], weil erst dies der tatrichterlichen Überzeugung eine hinreichende Stütze gewährt[145].

Auch Küper führt aus, daß die richterliche Beweiswürdigung zwar notwendigerweise einer subjektiven Überzeugung bedarf, dennoch aber auf einem Maximum an Objektivität basieren muß[146].

Nach Walter geht es im Prozeß der Überzeugungsbildung um die Frage, ab wann eine Tatsache für wahr zu „erachten“ ist. Damit wird darauf hingewiesen, daß es auf ein bloßes subjektives Glauben und Meinen nicht ankommen kann. Etwas für wahr „erachten“ heißt vielmehr, unter Abwägen von Argumenten zu einer Schlußfolgerung zu gelangen. Der Begriff „erachten“ enthält eine objektive Komponente, die ihn vom bloßen Glauben unterscheidet. Dieser Begriff führt damit zu einer gewissen Rationalität der richterlichen Entscheidung. Die Überzeugungsbildung des Richters basiert also auf Gründen, die diskutierbar sind, sich im Urteil mitteilen lassen und überprüft werden können[147].

Aus diesen Überlegungen ist zu schließen, daß diesen Stimmen des rechtswissenschaftlichen Schrifttums zufolge die subjektive richterliche Überzeugung zwar eine notwendige, aber keinesfalls hinreichende Bedingung dafür ist, eine Tatsache als wahr festzustellen.

---

142 Herdegen, NStZ 1987, 193, 198
143 Peters, S. 298
144 Peters, FS für R. Gmür, S. 322
145 Peters, FS für R. Gmür, S. 321
146 Küper, S. 46
147 Walter, G., S. 152

5. Zur Sachgebundenheit richterlicher Überzeugungsbildung

In späteren Entscheidungen modifizierte der BGH schließlich seine Rechtsprechung, er ging ab von der nur erforderlichen persönlichen Überzeugung. Der BGH schränkte die von ihm zugrunde gelegte „subjektive Theorie“ dahingehend ein, daß er die Anforderungen an die Tatsachen, die dem Urteil zugrunde liegen, erhöhte[148]. Die Überbetonung der subjektiven Gewißheitskomponente wurde durch das Erfordernis der Sachgebundenheit richterlicher Überzeugungsbildung zurückgenommen[149].

Diese Modifizierung wird verständlich, wenn berücksichtigt wird, daß die subjektive Komponente im Prozeß der richterlichen Überzeugungsbildung auf einem objektiven Fundament – also einer objektiven Komponente – basiert[150].

Die objektive Komponente ist die Ebene, bei der es auf die Tatsachenfeststellung ankommt. Die subjektive Komponente stellt das personale Element dar, sie ist die Ebene des individuellen Nichtbezweifelns, also die der persönlichen Gewißheit[151].

Dementsprechend hat der BGH die tatrichterliche Überzeugungsbildung wiederholt als nicht ausreichend angesehen, wenn es an einer tragfähigen, verstandesmäßig einsichtigen Tatsachengrundlage fehlte, so daß sich die vom Tatrichter gezogene subjektive Schlußfolgerung als bloße Vermutung erwies[152]. Es erfolgte mithin die Verdeutlichung der objektiven Komponente im Prozeß der tatrichterlichen Überzeugungsbildung, da die Beweiswürdigung in ihrem Fundament ein objektiver Vorgang ist[153]. Seit dem entspricht eine subjektive Gewißheit ohne hinreichende Ankoppelung an eine tragfähige, verstandesmäßig einsichtige Tatsachengrundlage nicht der Mindestanforderung richterlicher Überzeugungsbildung, die für eine Verurteilung erforderlich ist[154].

---

148 Herdegen, NStZ 1987, 193, 196; Schmidt, A., S. 93
149 Albrecht, NStZ 1983, 486, 488
150 Peters, FS für R. Gmür, S. 316
151 Fezer, StV 1995, 95, 99
152 BGH, NStZ 1981, 33; BGH NStZ 1982, 478
153 Peters, FS für R. Gmür, S. 316
154 Albrecht, NStZ 1983, 486, 489

Auch das Bundesverfassungsgericht hat eine Beweiswürdigung ohne tatsächliche Anknüpfungspunkte als willkürlich und damit verfassungswidrig bezeichnet[155]. Der Prozeß der richterlichen Überzeugungsbildung muß also unter Bezugnahme auf eine objektive Grundlage sachgebunden erfolgen[156]. Damit bleibt der Bundesgerichtshof zwar prinzipiell bei seiner „subjektiven Theorie“ zur „freien Beweiswürdigung“, verlangt aber die Ankoppelung an eine fundierte Tatsachengrundlage[157]. Diese ist unter Heranziehung aller sachgebotenen Beweise zu gewinnen[158].

6. Die weitere Verobjektivierung der Beweiswürdigung

Seitdem auch der BGH von einer sachgebundenen richterlichen Überzeugungsbildung ausgeht, indem die Anknüpfung an eine objektive Tatsachengrundlage verlangt wird, forderte unter anderen Herdegen, darüber hinausgehend, daß die einer Verurteilung zugrunde liegenden Tatsachen dem Beweismaß der „hohen Wahrscheinlichkeit“ entsprechen müssen[159].

Der zweite, der dritte und der fünfte Strafsenat sind dem ausdrücklich gefolgt. Die anderen Senate haben das Erfordernis einer „hohen Wahrscheinlichkeit“ nicht ausdrücklich übernommen, sie haben aber auch nicht aufgezeigt, daß sie anderer Auffassung sind[160].

Neuere Entscheidungen des Bundesgerichtshofes fordern demzufolge jetzt zusätzlich noch eine „hohe Wahrscheinlichkeit“ für den festgestellten Sachverhalt. Damit ist es zu einer weiteren Objektivierung der richterlichen Überzeugungsbildung gekommen[161]. Nunmehr muß die objektive Tatsachengrundlage, an die das subjektive Gewißheitserlebnis des Tatrichters anzuknüpfen hat, aus rationalen Gründen den Schluß erlauben, daß das festgestellte Geschehen mit hoher Wahrscheinlichkeit mit der Wirklichkeit übereinstimmt[162].

---

[155] BVerfGE, StV 1994, 3f
[156] Albrecht, NStZ 1983, 486, 488
[157] Schmidt, A., S. 93
[158] Peters, FS für R. Gmür, S. 318
[159] Herdegen, StV 1992, 527
[160] Schäfer, StV 1995, 147, 149
[161] Schmidt, A., S. 93
[162] BGH StV 1993, 510, 511

Der BGH setzt damit weiterhin eine volle richterliche Überzeugung im Sinne einer zustimmenden inneren Stellungnahme seitens des Tatrichters voraus, doch kann er diese nur auf der Grundlage eines mit hoher Wahrscheinlichkeit feststehenden Sachverhaltes tun. Dieser Grad der „hohen Wahrscheinlichkeit" ist erreicht, wenn keine rational vermittelbaren und einsichtigen Zweifel mehr daran bestehen, die Wahrheit erkannt zu haben. Indem der BGH nunmehr eine „hohe Wahrscheinlichkeit" für den festgestellten Sachverhalt fordert, bewirkt er eine weitere Verobjektivierung des Beweiswürdigungsvorganges[163].

III. Deskriptiv-definitorische Betrachtung der „Freiheit" der Beweiswürdigung

Unter Berücksichtigung seiner rechtshistorischen Gewordenheit wird im folgenden Abschnitt die Struktur des tatrichterlichen Überzeugungsbildungsprozesses beschreibend betrachtet. Dieses ist notwendig, um hiervon ausgehend das Augenmerk auf die *Bindungen* zu richten, denen der Tatrichter im Prozeß der Erkenntnisgewinnung unterliegt. Es soll damit bestimmt werden, wie „frei" die Beweiswürdigung tatsächlich ist, um aus diesen Überlegungen schließlich den Grundsatz einer „objektiv-subjektiven" Beweiswürdigung herauszubilden.

1. Zum Überzeugungsbildungsprozeß und seiner Bindung durch den Amtsaufklärungsgrundsatz

Für die Wahrung der aus § 261 StPO abgeleiteten Pflicht zur Würdigung der Beweise[164] sind zunächst sämtliche in die Hauptverhandlung eingebrachten Beweistatsachen durch den Richter im Detail wahrzunehmen und in ihrer Vollständigkeit von diesem zu berücksichtigen[165]. Die Beweiswürdigung setzt desweiteren eine Prüfung der einzelnen Beweismittel voraus. Bei-

---

163 Schmidt, A., S. 94
164 Meurer, S. 533
165 Peters, S. 300

spielsweise ist die Zuverlässigkeit und inhaltliche Richtigkeit eines Sachverständigengutachten zu bewerten[166].

Aus der Gesamtheit dieser Beweistatsachen ist sodann die vergangene Wirklichkeit zu rekonstruieren. Dabei handelt es sich um einen Akt des schlußfolgernden Denkens[167]. Anhand von Denkgesetzen, also den Gesetzen der Logik, und anhand von (zwingenden) Erfahrungssätzen, die das Bindeglied zwischen den Beweistatsachen und den Schlußfolgerungen darstellen[168], hat der Tatrichter aus den Hauptverhandlungsbeobachtungen das historische Tatgeschehen mit all seinen äußeren und inneren Merkmalen zu folgern[169].

Allein mit dieser objektiv-rationalen Gesamtwürdigung entsteht aber keine hinreichende Urteilsgrundlage. Die Urteilsfindung setzt desweiteren voraus, daß sich der Tatrichter eine Überzeugung bildet. Damit tritt zu dem objektivierbaren rationalen Element der Erkenntnisgewinnung das subjektive Gewißheitserlebnis des Richters als persönliches „Fürwahrhalten“ oder individuelle „Nichtbezweifelung“ hinzu[170]. Die Konsequenz ist, daß eine objektive und eine subjektive Komponente im Prozeß der Überzeugungsbildung in einem Wechselspiel zueinander stehen[171]. Einerseits genügt zur Verurteilung nicht, daß der Tatrichter anhand von Erfahrungssätzen und den Gesetzen der Logik das historische Tatgeschehen gefolgert hat, vielmehr muß er eine persönliche Gewißheit darüber erlangen, daß der ermittelte Sachverhalt tatsächlich mit der Wirklichkeit übereinstimmt. Andererseits genügt diese individuelle Gewißheit für sich allein auch nicht, wenn sie nicht auf objektiven Anknüpfungstatsachen beruht[172].

Das objektiv-rationale Fundament des Erkenntnisprozesses muß darüber hinaus noch dem Beweismaß der „hohen Wahrscheinlichkeit“ genügen. Die objektive Grundlage, an die das tatrichterliche Gewißheitserlebnis anzuknüpfen hat, muß aus rationalen Gründen den Schluß erlauben, daß das festgestellte

---

166 Peters, S. 301
167 Loos, S. 271
168 HK-Julius, § 261 StPO, Rn. 9
169 Fezer, StV 1995, 95, 97f
170 Fezer, StV 1995, 95, 99
171 Schmidt, A., S. 163
172 Fezer, StV 1995, 95, 99

Geschehen mit hoher Wahrscheinlichkeit mit der Wirklichkeit übereinstimmt[173].

Zwingende Voraussetzung für den sich so vollziehenden Würdigungsvorgang ist jedoch, daß zunächst eine hinreichende Bewertungsgrundlage geschaffen wurde[174]. Hierfür bedarf es, wie bereits eingangs dargestellt, einer umfassenden, an der Anklage orientierten Beweisaufnahme, um der aus § 244 II StPO abgeleiteten Pflicht, die „materielle Wahrheit“ aufzuklären, gerecht zu werden[175]. Der damit angesprochene Amtsaufklärungsgrundsatz stellt somit die erste *Bindung* des Tatrichters dar. Er hat nicht die Freiheit, seine Schlußfolgerungen aus Beweistatsachen zu ziehen, solange diese noch unvollständig sind[176].

2. Zu den „Grenzen“ und „Ausnahmen“ vom Prinzip der „freien Beweiswürdigung“

Nachdem aufgezeigt wurde, wie sich der Überzeugungsbildungsprozeß nach seiner rechtshistorischen Gewordenheit heute darstellt, wird gefragt, welche weiteren *Bindungen* aus dem Erfordernis resultieren, daß die persönliche Gewißheit des Tatrichters stets der Ankoppelung an eine objektive Grundlage bedarf.

Für die Gewinnung dieser objektiven Tatsachengrundlage werden – wie soeben dargelegt – neben den Regeln der Logik auch Erkenntnisse anderer Natur- und Geisteswissenschaften herangezogen. Dementsprechend werden die Denkgesetze, die wissenschaftlichen Erkenntnisse und die (zwingenden) Erfahrungssätze als „Grenzen“ der „freien“ Beweiswürdigung bezeichnet[177].

Wenn es aber nach § 244 II StPO Anspruch des Strafverfahrens ist, die „materielle Wahrheit“ aufzuklären, also das historische Tatgeschehen soweit zu

173 BGH StV 1993, 510, 511
174 Fezer, StV 1995, 95, 97
175 vgl. D. III.
176 Fezer, StV 1995, 95, 97
177 KK-Hürxthal, § 261 StPO, Rn. 45 - 48

erforschen, daß eine größtmögliche Annäherung an die absolute Wahrheit erreicht wird[178], dann ist dies überhaupt nur möglich, wenn die Erkenntnisse anderer Fachwissenschaften zu Rate gezogen werden. Nur wenn die Regeln der Logik, also die Denkgesetze, und (zwingende) Erfahrungssätze in Form von gesicherten wissenschaftlichen Erkenntnissen Berücksichtigung finden, läßt sich die objektive Tatsachengrundlage aufklären, an die das persönliche Gewißheitserlebnis des Tatrichters anzuknüpfen hat[179]. Ihre Nichtbeachtung würde also gegen die Pflicht zur Aufklärung „materieller Wahrheit" verstoßen[180]. Daher stellen die Denk- und Erfahrungssätze keine Grenzen des Prinzips der „freien Beweiswürdigung" dar, sondern sind unter Berücksichtigung des Wahrheitsfindungsanpruchs notwendige Voraussetzung. Von Grenzen kann somit nicht gesprochen werden[181].

Darüber hinaus werden „Ausnahmen" vom Grundsatz der „freien Beweiswürdigung" definiert. Als solche werden die Beweisverbote genannt, die §§ 190 StGB, 51 BZRG und 274 StPO als positive gesetzliche Regelungen sowie das Schweigen des Angeklagten und das des Zeugen[182].

Die Beweisverbote werden – in einem ersten Schritt – in Beweiserhebungsverbote und – in einem zweiten Schritt – in Beweisverwertungsverbote unterteilt.

Zu den Beweiserhebungsverboten zählen Beweisthemaverbote, die es dem Richter verbieten, bestimmte Tatsachen aufzuklären. Als Beispiel wird die Verschwiegenheitspflicht von Personen des öffentlichen Dienstes gemäß § 54 StPO genannt. Desweiteren zählen zu den Beweiserhebungsverboten die Beweismittelverbote, bei denen ein bestimmtes Beweismittel nicht verwendet werden darf. Beispielhaft werden die Zeugnisverweigerungsrechte nach den §§ 52-53a StPO angeführt. Außerdem stellt das Beweismethodenverbot auch ein Beweiserhebungsverbot dar. Beispiele hierfür sind die verbotenen Vernehmungsmethoden nach § 136a StPO[183].

---

178 vgl. D. II. 3. und D. III.
179 Schmidt, A., S. 67
180 Meurer, S. 544
181 Sarstedt / Hamm, Rn. 890; Schmidt, A., S. 67
182 KK-Hürxthal, § 261 StPO, Rn. 34 - 40
183 Sarstedt / Hamm, Rn. 935

Die Beweisverwertungsverbote gebieten, daß Tatsachen, die unter Verstoß gegen eine Beweiserhebungsregel gewonnen worden sind, grundsätzlich nicht zum Gegenstand der Urteilsfindung gemacht werden dürfen[184]. In ihrem Zusammenhang sind auch das Schweigen des Angeklagten und das des Zeugen zu nennen[185].

Die §§ 190 StGB und 51 BZRG enthalten Beweisthemaverbote. § 190 StGB verbietet es, über die Wahrheit oder Unwahrheit einer behaupteten ehrenrührigen Tatsache, die eine Straftat darstellt, Beweis zu erheben. Die Vorschrift des § 51 BZRG verbietet es, Beweis über etwaige Vorstrafen des Angeklagten zu führen[186]. Die Vorschrift des § 274 StPO enthält hingegen ein Beweismittelverbot, indem sie gebietet, daß die Einhaltung der Hauptverhandlungsförmlichkeiten nur mittels des Protokolls bewiesen werden kann[187].

Diese Erläuterungen machen sichtbar, daß die Verbote über die Beweiserhebung die umfassende Aufklärung des Sachverhaltes beschränken.Wenn sie eingreifen, dann liegen dem Richter schon gar keine zu würdigenden Tatsachen vor. Damit schränken die Beweiserhebungsverbote schon die Pflicht zur umfassenden Aufklärung des Sachverhaltes im Sinne des § 244 II StPO ein, nicht aber erst das Prinzip der „freien Beweiswürdigung“. Somit sind sie auch keine Ausnahmen von diesem Grundsatz[188].

Beweisverwertungsverbote haben zur Folge, daß ermittelte Tatsachen wegen des Verstoßes gegen eine Beweiserhebungsregel gar nicht erst zum Gegenstand der Beweiswürdigung gemacht werden dürfen. Damit betreffen sie ein Problem der Verwertbarkeit, das dem Prozeß der Überzeugungsbildung noch vorgelagert ist. Denn dem Würdigungsvorgang dürfen von vornherein keine unverwertbaren Ergebnisse zugrunde liegen[189]. Damit stellen die Beweisverwertungsverbote auch keine Ausnahme vom Grundsatz der „freien Beweis-

[184] Sarstedt / Hamm, Rn. 936
[185] Schmidt, A., S. 71
[186] Schmidt, A., S. 71
[187] Schmidt, A., S. 71
[188] Schmidt, A., S. 72
[189] Albrecht, NStZ 1983, 486, 487, Fn. 23

würdigung“ dar. Sie sind keine Abweichung in einem Einzelfall von einer generellen Regelung, was das Wesen einer Ausnahme ausmachen würde[190].

Diesen Ausführungen zufolge ist der Grundsatz der „freien Beweiswürdigung“ ohne sogenannte „Grenzen“ und „Ausnahmen“. Er ist deshalb aber nicht „frei“, vielmehr unterliegt er weiteren *Bindungen.*

Wie aufgezeigt wurde, setzt die Urteilsfindung die persönliche Überzeugung des Tatrichters als subjektives Gewißheitserlebnis voraus, wobei dieses individuelle „Fürwahrhalten“ der Anbindung an eine objektive Grundlage bedarf. Deren Ermittlung untersteht aber schon der Sache nach den Regeln der Logik (Denkgesetzen) sowie den (zwingenden) Erfahrungen und Erkenntnissen fremder Fachwissenschaften. Ohne deren Beachtung kann nämlich dem Wahrheitsermittlungsanspruch nicht genügt werden[191]. Der Prozeß der richterlichen Überzeugungsbildung ist also nicht „frei“, soweit er durch die Anknüpfung an eine objektive Grundlage eine Sachgebundenheit erfährt[192] und an die Vielfalt der „Beweiswürdigungsregeln“ in Form von Denkgesetzen und Erfahrungssätzen gebunden ist. Folgerichtig muß das Adjektiv „frei“ in § 261 StPO hinweggedacht werden[193]. Die „Freiheit“ der Beweiswürdigung ist lediglich historisch begründbar, wie eingangs dargelegt wurde[194].

3. Zu den erhöhten Anforderungen an die Urteilsbegründungspflicht

Eine weitere wesensimmanente Folge aus der Ankoppelung des persönlichen Gewißheitserlebnisses an eine objektive Tatsachengrundlage sind die erhöhten Anforderungen, die an die Urteilsbegründungspflicht gestellt werden.

Die Notwendigkeit der Anknüpfung an eine objektive Grundlage dient dazu, daß der Tatrichter zwar eigenverantwortlich, aber auf nachvollziehbare Weise zur Wahrheitsfindung gelangt[195]. Notwendig ist deshalb die Ausformulierung der objektiv-rationalen Grundlagen der Überzeugungsbildung. Er-

---

190 Schmidt, A., S. 72f

191 Sarstedt / Hamm, Rn. 890

192 Albrecht, NStZ 1983, 486, 488

193 Fezer, StV 1995, 95, 100f

194 vgl. E. II. 1.

195 Herdegen, NStZ 1987, 193, 195

forderlich sind also eine Darlegung der Anknüpfungstatsachen und die darauf beruhenden Folgerungen in der Urteilsbegründung. Aber auch die zugrunde gelegten Erfahrungssätze müssen angegeben werden. Was nicht dargestellt werden kann und daher auch nicht darzulegen ist, ist das persönliche Gewißheitserlebnis[196].

Diese erhöhten Anforderungen an die tatrichterliche Begründungspflicht folgen also aus dem Erfordernis des verstandesmäßig einsichtigen Argumentierens und stellen ebenfalls *Bindungen* für den Tatrichter dar. Deshalb ist auch diesbezüglich die Formulierung der vielberufenen „Freiheit" der Beweiswürdigung zu korrigieren[197].

4. Folgerungen für die „Freiheit" der Beweiswürdigung

Aus diesen Überlegungen wird gefolgert, daß die Beweiswürdigung nicht wirklich „frei" ist, soweit sie an eine objektiv-rationale Tatsachengrundlage gebunden ist. Diese untersteht, wie soeben dargelegt wurde, den allgemeinen Regeln der Erkenntnisgewinnung. Die „Beweiswürdigungsregeln" in Form von Denkgesetzen und (zwingenden) Erfahrungssätzen sind für den Tatrichter einzuhaltende *Bindungen*. Diese ergeben sich genauso, wie die Urteilsbegründungsanforderungen, wesensimmanent aus der aufgezeigten Struktur des Überzeugungsbildungsprozesses und des Wahrheitsermittlungsanspruchs. Desweiteren stellt der Amtaufklärungsgrundsatz eine für den Tatrichter einzuhaltende *Bindung* dar, weil dieser gewährleistet, daß die Überzeugungsbildung auf einer umfassend ermittelten Bewertungsgrundlage basiert.

Angesichts dieser Gebundenheit des subjektiven richterlichen Gewißheitselebnisses an eine objektiv-rationale Tatsachengrundlage erscheint es sachgerecht, das Prinzip der „freien Beweiswürdigung" als Grundsatz einer „objektiv-subjektiven" Beweiswürdigung[198] zu verstehen. Die Verwendung dieses Begriffes macht nämlich deutlich, das die Beweiswürdigung objektive und subjektive Elemente aufweist. Denn wie aufgezeigt wurde, wird im Prozeß

---

196 Fezer, StV 1995, 95, 100
197 Fezer, StV 1995, 95, 100
198 Peters, S. 298

der Überzeugungsbildung der objektive Unterbau stets durch die subjektive Wertung überhöht[199].

IV. Das Prinzip der „freien Beweiswürdigung" unter besonderer Berücksichtigung der Feststellung subjektiver Deliktsmerkmale

Die Notwendigkeit der dargelegten Fortentwicklung des Prinzips der „freien Beweiswürdigung" im Sinne einer sogenannten rein „subjektiven Theorie", wie ehemals vom Bundesgerichtshof vertreten[200], hin zu einem Grundsatz der „objektiv-subjektiven" Beweiswürdigung wird im folgenden anhand der Feststellung subjektiver Deliktsmerkmale exemplarisch nachvollzogen.

1. Die Problemstellung

Die Rechtsnormen des materiellen Strafrechts sehen die Verhängung einer Strafe für den Fall vor, daß der Angeklagte die ihm vorgeworfene Tat auch wirklich begangen hat. Deshalb muß, sofern es zu einer Verurteilung kommt, sicher gestellt sein, daß die prozessual ermittelten Feststellungen über die Tat mit der Wirklichkeit so übereinstimmen, wie sich diese zugetragen hat[201].

Ein Wahrheitsbegriff, der – wie eingangs dargestellt – (nur) von einer *Annäherung* an die absolute Wahrheit ausgeht[202], damit also die Anforderungen an die zu ermittelnde „ganze" Wahrheit etwas erleichtert, ist nicht unbedenklich, denn jedes Zurückbleiben hinter dem Ideal der absoluten Wahrheit birgt das Risiko, auch Fehlurteile zu produzieren[203].

Dieses Problem stellt sich insbesondere bei der Feststellung subjektiver Deliktsmerkmale, da die psychischen Vorgänge des Angeklagten zur Zeit der Tat naturgemäß der richterlichen Wahrnehmung unzugänglich sind[204]. Liegt nicht die Aussage eines voll geständigen Täters vor, dann kann niemals ein

[199] Peters, S. 298
[200] Meurer, S. 539; Schmidt, A., S. 92
[201] Hetzer, S. 19
[202] vgl. D. II. 3.
[203] Freund, S. 2
[204] Loos, S. 262 und 268

unmittelbarer Beweis darüber erbracht werden, was der Täter im Tatzeitpunkt gewollt oder gedacht hat. Stets lassen sich Aussagen darüber nur auf Indizien stützen[205]. Dies gilt zunächst für jede Tatsache, die beweisen werden soll und nicht vom Richter selbst wahrgenommen worden ist[206]. Selbst die Aussage eines Augenzeugen ist nur ein Indiz dafür, daß sich das Tatgeschehen so zugetragen hat, wie er es schildert[207]. Jedoch ist es immerhin möglich, das objektive Tatgeschehen, z.B. durch die übermittelte Wahrnehmung eines Zeugen, zu beweisen. Dieses ist bei der Feststellung subjektiver Deliktsmerkmale nicht der Fall[208]. Für den Beweis eines objektiven Deliktsmerkmales sind damit weniger Schlußfolgerungen durch den Richter erforderlich, als es für den Beweis eines subjektiven Deliktsmerkmals notwendig ist. Um nämlich vom Vorliegen objektiver Indizien auf das Vorliegen subjektiver Deliktsmerkmale schließen zu können, muß sich der urteilende Richter in die Person des Täters hineinversetzen. Doch auch wenn der Richter bemüht ist, die Persönlichkeit des Täters soweit wie irgend möglich zu berücksichtigen, so bleibt er doch ein anderer und eine identische Rekonstruktion dessen, was der Täter im Tatzeitpunkt wirklich gewußt und gewollt hat, bleibt unmöglich. Den Schlußfolgerungen des Richters haftet bei subjektiven Deliktsmerkmalen somit in besonders hohem Maße die Gefahr an, daß sie fehlerhaft sind[209].

Trotz dieser unsicheren Feststellbarkeit werden auch subjektive Deliktsmerkmale regelmäßig als bewiesen angesehen. Dieses ist auch erforderlich, sonst würde die Strafrechtsanwendung zum Erliegen gebracht. Es müßte nämlich nach dem Grundsatz „in dubio pro reo“ – im Zweifel für den Angeklagten – regelmäßig ein Freispruch erfolgen, wenn sich ein subjektives Deliktsmerkmal nicht sicher feststellen läßt[210].

Es folgt daraus die Frage, wie ein solches Zurückbleiben hinter dem Ideal zur Aufklärung der „ganzen“ Wahrheit zu legitimieren ist.

---

[205] Freund, S. 3
[206] Sarstedt / Hamm, Rn. 826
[207] Sarstedt / Hamm, Rn. 833
[208] Engisch, Logische Studien, S. 71
[209] Loos, S. 271
[210] Freund, S. 6

2. Zur begrenzten Feststellbarkeit subjektiver Deliktsmerkmale

Der Rückschluß auf das Vorliegen bestimmter innerer Tatsachen hat zwei Voraussetzungen. Erstens eine Urteilsbasis, die aus dem gesamten be- und entlastenden Beweismaterial besteht[211], und zweitens sogenannte Erfahrungssätze, die das Bindeglied zwischen den Hauptverhandlungsbeobachtungen und der Schlußfolgerung darstellen[212]. Im Wege des Rückschlusses wird mit Hilfe dieser Erfahrungssätze aus einer bekannten äußeren Tatsache eine unbekannte innere Tatsache abgeleitet[213]. Damit dem prozessualen Ziel, „materielle Wahrheit" festzustellen, Genüge getan werden kann, müssen die angewandten Erfahrungssätze eine optimale Richtigkeitsgewähr bieten. Es muß sich um hinreichend gesicherte Erkenntnisse handeln. Dazu gehören Naturgesetze und auch alle anderen methodisch einwandfrei gewonnenen Ergebnisse der empirischen Wissenschaften[214]. Für die Feststellung subjektiver Deliktsmerkmale sind insbesondere die gesicherten Erkenntnisse der Medizin und der Psychologie maßgeblich[215]. Eingeteilt werden die Erfahrungssätze in solche, die zwingende Folgerungen enthalten und solche, die nur Wahrscheinlichkeitsaussagen zulassen[216].

Danach muß sich unter Anwendung eines *zwingenden* Erfahrungssatzes aus einer äußeren Tatsache fehlerfrei das Vorliegen eines subjektiven Deliktsmerkmales folgern lassen. Dies ist jedoch nur dann der Fall, wenn die Bedingungen, unter denen der angewandte Erfahrungssatz Gültigkeit besitzt, auch tatsächlich in Bezug auf das Tatgeschehen vorliegen. Andernfalls stellt der soweit ermittelte Sachverhalt, aus dem auf das Vorliegen eines subjektiven Deliktsmerkmales zu schließen ist, gerade eine Ausnahme dieses zwingenden Erfahrungssatzes dar[217]. Die aus einem *zwingenden* Erfahrungssatz gezogene Schlußfolgerung ist somit auch nur *wahrscheinlich* richtig. Der Grad dieser Wahrscheinlichkeit hängt davon ab, wie weit die Bedingungen, von denen die Gültigkeit des Erfahrungssatzes abhängt, tatsächlich im konkreten Fall

[211] Freund, S. 13
[212] HK-Julius, §261 StPO, Rn. 9
[213] Freund, S. 13
[214] HK-Julius, §261 StPO, Rn. 9
[215] Freund, S. 43
[216] HK-Julius, § 261 StPO, Rn. 9
[217] Fezer, StV 1995, 95, 97

gegeben sind. Aus dem Gesagten ergibt sich, daß die meisten Erfahrungssätze – sofern nicht die Bedingungen eines zwingenden Erfahrungssatzes exakt vorliegen – nur Wahrscheinlichkeitsaussagen liefern können. Also können im Ergebnis auch die subjektiven Deliktsmerkmale nur *wahrscheinlich* erfüllt sein und der Angeklagte kann auch nur mit einer gewissen *Wahrscheinlichkeit* als Täter verurteilt werden[218].

Der Grund dafür, daß ein *nicht* zwingender Erfahrungssatz keine zwingende Folgerung zuläßt, ist darin zu sehen, daß er Ausnahmen kennt. Erst wenn im konkreten Fall sämtliche denkbaren Ausnahmen eines *nicht* zwingenden Erfahrungssatzes ausgeschlossen werden, dann ist auch auf der Grundlage eines *nicht* zwingenden Erfahrungssatzes ein Rückschluß auf das Vorliegen eines subjektiven Deliktsmerkmales möglich. Läßt sich beispielsweise nach einem Erfahrungssatz der Psychologie sagen, daß der subjektive Tatbestand mit sehr hoher Wahrscheinlichkeit erfüllt ist, dann ist zum Nachweis dessen, daß er tatsächlich zum Tatzeitpunkt vorgelegen hat, ein Ausschluß aller Alternativen nötig, die noch gegen das absolut sichere Vorliegen des subjektiven Tatbestandes sprechen[219].

Ein Blick in die Strafrechtspraxis zeigt, daß tatsächlich mit einem solchen „Ausnahme-Ausschlußmodell" gearbeitet wird. Nach der Rechtsprechung muß sich der Tatrichter mit den verschiedenen in Betracht kommenden Sachverhaltsalternativen auseinandersetzen[220]. Welche Alternativen im abzuurteilenden Fall denkbar sind und welche davon ausgeschlossen werden können, sollte der Strafrichter ggf. mit Hilfe eines Sachverständigen ermitteln, so daß ein tieferes Eindringen in die Materie möglich und der Pflicht zur Aufklärung der „ganzen" Wahrheit Genüge getan wird. Das hier im Bereich der Feststellung von subjektiven Deliktsmermalen Defizite bestehen, wurde bereits ausführlich dargelegt[221]. Ebenso wurde festgestellt, daß sich die weitgehende Nichtnutzbarmachung von sachverständigem Fachwissen bei der Feststellung

218 Freund, S. 18
219 Freund, S. 22f
220 BGHSt 25, 365, 367; BGH MDR 1977, 284
221 vgl. D. IV. 1. b.

subjektiver Deliktsmerkmale rechtsdogmatisch nicht unwiderlegbar begründen läßt[222].

Das angesprochene „Ausnahme-Ausschluß-Modell" wird an einem einfachen Beispiel verdeutlicht. Hat beispielsweise jemand einem Bekannten eine fremde bewegliche Sache weggenommen und behauptet nachher, er habe seinen Bekannten nur ärgern wollen, so steht seine Zueignungsabsicht – die als subjektives Deliktsmerkmal zur Erfüllung des Diebstahlstatbestandes gegeben sein muß[223] – in Frage. Nur wenn unter Berücksichtigung der Täterpersönlichkeit die Alternative des Ärgernwollens sich als Lüge herausstellt, kann diese Alternative ausgeschlossen werden und aus der Wegnahmehandlung auf das Vorliegen einer Zueignungsabsicht geschlossen werden[224].

Hierin zeigt sich die Problematik, daß der Richter für den bis ins letzte abgesicherten Nachweis eines subjektiven Deliktsmerkmales alle irgendwie relevanten Umstände, die die Täterpersönlichkeit betreffen, kennen muß. Dieses ließe eine Funktionsfähigkeitsüberprüfung bestimmter Sinnesorgane des Angeklagten erwarten, das Ergründen seines Seelenlebens, ebenso die Erforschung des vom Angeklagten durchschrittenen Sozialisationsprozesses. Der Richter müßte alles dieses nachvollziehen, um alle denkbaren Alternativerklärungen für das Täterverhalten ausschließen zu können. Auch wenn dies faktisch unmöglich ist, wäre erst dann das subjektive Deliktsmermal vollständig bewiesen[225].

Ein solcher vollständiger Nachweis würde dem Ideal, die „ganze" Wahrheit aufzuklären, genügen. Doch sieht – wie vorn herausgearbeitet – das in § 244 II StPO verankerte Prinzip der „materiellen Wahrheit" keine Wahrheitserforschung um jeden Preis vor. Für die Feststellung subjektiver Deliktsmerkmale ist es insbesondere von Bedeutung, daß der Angeklagte nach § 243 IV StPO das Recht hat, jede aktive Mitwirkung an seiner Verurteilung zu verweigern. Dieses erschwert naturgemäß die Feststellung der inneren Tatseite.

---

[222] vgl. D. IV. 2. d.
[223] Schönke/Schröder-Eser, § 242 StGB, Rn. 44, 46
[224] Freund, S. 38f
[225] Freund, S. 41

Unter Berücksichtigung dieser begrenzten Feststellbarkeit subjektiver Deliktsmerkmale sind – vom geständigen Täter einmal abgesehen – drei Beweisergebnisse möglich:

- Unter Heranziehung eines Erfahrungssatzes kann zwar auf das Vorliegen eines subjektiven Deliktsmerkmales geschlossen werden, doch bleiben Alternativerklärungen immer noch denkbar. Das Vorliegen des subjektiven Deliktsmerkmales steht damit unter dem Vorbehalt, daß diese anderen Alternativen gerade nicht gegeben sind.

- Es liegt ein zwiespältiges Beweisergebnis vor. Die herangezogenen Erfahrungssätze, die notwendig sind, um auf das Vorliegen des subjektiven Deliktsmerkmales zu schließen, stützen das Gegebensein des subjektiven Tatbestandes in Teilbereichen. In anderen Teilbereichen widerlegen sie das Gegebensein des subjektiven Tatbestandes.

- Der angenommene Sachverhalt erfährt durch fachwissenschaftliche Erkenntnisse keinerlei Unterstützung. Zwar ist noch rein theoretisch denkbar, daß das subjektive Deliktsmerkmal doch vorliegt, aber in dieser Situation hat sicher ein Freispruch zu erfolgen[226].

Hieraus ergibt sich, daß aus faktischen und normativen Gründen auch bei der Feststellung subjektiver Deliktsmerkmale mehr als eine Annäherung an die „ganze“ Wahrheit nicht erreicht werden kann[227]. Subjektive Deliktsmerkmale sind mit absoluter Sicherheit in der gerichtlichen Praxis nicht feststellbar, es sei denn, der Angeklagte gibt in Form eines Geständnisses Auskunft darüber, was er zum Zeitpunkt der Tat gewollt und gedacht hat[228].

3. Folgerungen für die „subjektive Theorie“

Ausgehend davon, daß sich – wie soeben dargestellt – subjektive Deliktsmerkmale nicht mit absoluter Sicherheit feststellen lassen, ergibt sich ein Le-

[226] Freund, S. 45, 57
[227] Freund, S. 43
[228] Loos, S. 270

gitimationsproblem. Die Frage ist, wie auf eine ungesicherte Tatsachengrundlage, die aus der praktischen Undurchführbarkeit des vollen empirischen Nachweises subjektiver Deliktsmerkmale resultiert, dennoch eine Verurteilung gestützt werden kann, obwohl das in § 244 II StPO normierte Ideal, die „ganze" Wahrheit zu ergründen, gar nicht erreicht wird?

Nach der von der Rechtsprechung lange vertretenen sogenannten „subjektiven Theorie" hat der Tatrichter auch das Vorliegen subjektiver Deliktsmerkmale aus dem Inbegriff der Verhandlung nach seiner „freien" Überzeugung festzustellen[229]. Das aus der begrenzten Feststellbarkeit subjektiver Deliktsmerkmale resultierende Legitimationsproblem wird – der „subjektiven Theorie" zufolge – also damit zu lösen versucht, in dem das Erlangen einer persönlichen Überzeugung zum Ziel des Beweises erklärt wird. Zu erlangen ist die individuelle Gewißheit davon, daß das ermittelte Tatgeschehen und damit auch das Gegebensein des subjektiven Tatbestandes mit der Wirklichkeit übereinstimmt[230].

Nicht notwendig ist nach dieser Auffassung die Begründung der richterlichen Erkenntnis durch eine objektiv-rationale Tatsachengrundlage. Wird aber lediglich das volle subjektive Überzeugtsein des Tatrichters für maßgeblich erklärt, dann wird damit automatisch ein Verfehlen der „ganzen" Wahrheit in Kauf genommen. Die Feststellung des Tatrichters, er habe die Wahrheit ermittelt, erweist sich nämlich tatsächlich nur als der individuelle Glaube daran, die Wahrheit erkannt zu haben. In der Konsequenz wird der Angeklagte verurteilt, obwohl nicht alle denkbaren Erklärungsalternativen sicher ausgeschlossen sind[231].

Begründet wird das Zurückbleiben hinter der „ganzen" Wahrheit mit der ohnehin bestehenden Unzulänglichkeit der menschlichen Erkenntnis. Die theoretische und abstrakte Möglichkeit, daß der Verurteilte tatsächlich nicht der Täter ist, kann nie ausgeschlossen werden. Insofern können nach der sogenannten „subjektiven Theorie" nur konkrete Zweifel eine Verurteilung verhindern. Genügend ist ein ausreichendes Maß an Sicherheit, dem vernünftige Zweifel nicht mehr entgegenstehen[232].

---

[229] vgl. E. II. 2. und 3.
[230] Meurer, S. 539; Freund, S. 46
[231] Freund, S. 47
[232] vgl. E. II. 3; Schmidt, A., S. 90f

Wenn aber nur ganz bestimmte Zweifel – nämlich die konkreten und vernünftigen – der richterlichen Überzeugung, die Wahrheit erkannt zu haben, entgegenstehen können, dann bedeutet dies nichts weiter, als daß die Anforderungen, die an die zu erforschende „materielle Wahrheit" gestellt werden, herabgesetzt sind. Die „ganze" Wahrheit will nicht erkannt werden. Es genügt, wenn nur keine vernünftigen oder konkreten Zweifel mehr ersichtlich sind.

Dies bedingt aber eine klare Trennung zwischen solchen Zweifeln, die als konkrete Zweifel anzusehen sind und die der richterlichen Überzeugung noch entgegenstehen können, und solchen, die als abstrakte Zweifel zu werten sind und mithin für den Überzeugungsbildungsprozeß ohne Belang sind[233]. Angesichts der inhaltlichen Unbestimmtheit der Begriffe „konkret" und „abstrakt" und „vernünftig" und „unvernünftig" sind diese aber keine tauglichen Differenzierungskriterien[234]. So kann es sein, daß der angeblich konkrete Zweifel in Wirklichkeit nur ein abstrakter ist[235].

Versucht werden kann, die Unterscheidungskriterien zu präzisieren. Der konkrete Zweifel kann auch als realer, anschaulicher, bestimmter, individueller, artspezifischer oder selbständiger Zweifel definiert werden und der abstrakte Zweifel kann als bloß vorgestellter, unanschaulicher, unbestimmter, genereller, allgemeiner oder unselbständiger Zweifel bestimmt werden[236]. Diese Definitionsversuche helfen aber nicht weiter. Sie machen vielmehr deutlich, daß eine Trennung des für den Überzeugungsbildungsprozeß relevanten Zweifels von einem irrelevanten Zweifel durch begriffliche Herleitungsversuche nicht gelingt. Eine Präzisierung, die gleichzeitig für eine Vielzahl von Fallgestaltungen aussagekräftig bleibt, ist nicht möglich[237].

Insofern führt die „subjektive Theorie", die es genügen läßt, daß der Tatrichter davon persönlich überzeugt ist, die „materielle Wahrheit" ermittelt zu haben, aufgrund ihrer Unbestimmtheit zu beliebigen Ergebnissen. Denn ein Zweifel, den der eine Richter noch als einen konkreten ansieht und der somit eine Verurteilung nicht zuläßt, betrachtet ein anderer Richter ggf. schon als einen abstrakten Zweifel. Dieser Richter sieht sich nicht an einer

---

233 Walter, G., S. 110

234 Freund, S. 48

235 Walter, G., S. 110

236 Engisch, Die Idee der Konkretisierung, S. 1ff; Meurer, S. 541

237 Freund, S. 49

Verurteilung des Angeklagten gehindert, weil er die persönliche Gewißheit hat, die Wahrheit erkannt zu haben.[238].

Diese beliebige Manipulierbarkeit von Verfahrensergebnissen wird durch den Einwand zu realativieren versucht, daß der Tatrichter bei Entscheidungen von besonderer Tragweite stets einen besonders hohen Maßstab an die zu überwindenden Zweifel anlegen wird, so daß er seine persönliche Gewißheit auch entsprechend schwerer gewinnen wird[239]. Auch dies ändert nichts daran, daß die Wahrheitsfindung nach der „subjektiven Theorie" im Ergebnis ein unkontrollierbarer, rein psychischer Prozeß der Zweifelsüberwindung bleibt, egal wie hoch die Meßlatte gelegt wird[240]. Das Risiko, die Wahrheit zu verfehlen, bleibt bestehen. Lediglich die subjektive Komponente, das persönliche Glauben und Meinen des Richters, als Fundament für eine Verurteilung anzusehen – mögen auch nur theoretische/abstrakte Zweifel entgegenstehen – kann nicht hingenommen werden. Die Verurteilung hinge zu einem großen Stück vom Zufallsprinzip ab, was den Verdacht der Willkür begründen würde[241].

Hieraus wird gefolgert, daß die eingangs dargelegte Problematik, nämlich die der nicht absolut sicherern Nachweisbarkeit von subjektiven Deliktsmerkmalen und damit ein Zurückbleiben hinter dem Anspruch, die „ganze" Wahrheit zu erforschen, nicht durch eine „freie Beweiswürdigung" im Sinne einer rein „subjektiven Theorie" zu lösen ist. Die eingangs aufgeworfene Frage, wie es zu rechtfertigen ist, daß dem Ideal der Aufklärung der „ganzen" Wahrheit nicht Genüge getan wird, bleibt bestehen.

4. Zur Problemlösung der begrenzten Feststellbarkeit subjektiver Deliktsmerkmale

Die bisherige Betrachtung der Feststellbarkeit subjektiver Deliktsmerkmale hat aufgezeigt, daß sich subjektive Deliktsmerkmale in der gerichtlichen Praxis in der Regel nur begrenzt nachweisen lassen, selbst wenn die in § 244 II

[238] Freund, S. 49
[239] Greger, S. 122
[240] Freund, S. 52
[241] Freund, S. 53

StPO normierte Pflicht zur Wahrheitsaufklärung etwas anderes vermuten läßt.

Es wurde weiter die Beschaffenheit des Beweisergebnisses aufgezeigt. Im Regelfall kann zwar unter Heranziehung eines Erfahrungssatzes aus einer Hauptverhandlungsbeobachtung auf das Vorliegen eines subjektiven Deliktsmerkmales geschlossen werden. Doch bleibt immer die denkbare Möglichkeit bestehen, die Wahrheit zu verfehlen, weil tatsächlich eine andere Erklärungsalternative dem wirklichen Sachverhalt entspricht. Das Vorliegen des subjektiven Deliktsmerkmals steht mithin unter dem Vorbehalt, daß die mögliche Alternativerklärung gerade nicht zutrifft[242].

Davon ausgehend, daß sich im Regelfall subjektive Deliktsmerkmale aus faktischen und normativen Gründen nicht mit absoluter Sicherheit feststellen lassen, ergibt sich die Frage, unter welchen Bedingungen dennoch das Vorliegen des subjektiven Tatbestandes angenommen werden kann. Dieses ohne einem zu hohen Risiko zu unterliegen, beliebige Zufallsergebnisse zu produzieren, wie es unter Anwendung einer rein „subjektiven Theorie" geschehen kann, was soeben begründet wurde.

Da das Vorliegen subjektiver Deliktsmerkmale – wie dargelegt – empirisch nicht nachzuweisen ist, müßte nach dem Grundsatz „in dubio pro reo" – im Zweifel für den Angeklagten – stets ein Freispruch erfolgen. Um nicht auf diese Weise die Strafrechtspraxis lahm zu legen, kann es daher nur darum gehen, zu normieren, und damit zu legitimieren, wann eine Urteilsbasis gegeben ist, die die Annahme, der subjektive Tatbestand sei gegeben, zu tragen vermag[243].

Eine solche Norm könnte den Inhalt haben, daß vom Vorliegen eines Deliktsmerkmales auszugehen ist, wenn der Tatrichter sich dessen subjektiv gewiß ist und diese individuelle Überzeugung nicht in Widerspruch zu empirischen Befunden steht, sondern durch objektive Gründe eine Sachgebundenheit und damit eine Absicherung erfährt[244].

Zwar läßt sich hierdurch nicht erreichen, daß subjektive Deliktsmerkmale mit absoluter Sicherheit festzustellen sind. Es bleibt für den Tatrichter weiterhin das Risiko, die Wahrheit zu verfehlen. Es wurde bereits im Abschnitt

[242] vgl. E. IV. 2.
[243] Freund, S. 61
[244] Freund, S. 62

zur rechtshistorischen Entwicklung des Prinzips der „freien Beweiswürdigung“ darauf hingewiesen, daß der Tatrichter sein Urteil im Hinblick auf dieses Risiko verantworten können muß. Dieses ist nur möglich, wenn er von seiner Entscheidung subjektiv auch überzeugt ist. Auf das personale Element im Überzeugungsbildungsprozeß kann also nicht verzichtet werden[245]. Durch die Ankoppelung dieses persönlichen Gewißheitserlebnisses an eine objektive Tatsachengrundlage – dies ist entscheidend – wird die richterliche Gewißheit jedoch verstandesmäßig einsichtig und daher ein Stück weit objektiviert[246].

Die Rechtsprechung arbeitet heute der Sache nach mit einer solchen Entscheidungsnorm[247]. Wie schon aufgezeigt wurde, führt der Bundesgerichtshof aus, daß die erforderliche persönliche Gewißheit des Tatrichters eine objektive Grundlage voraussetzt[248]. Die richterliche Überzeugung muß ihre Verankerung in rationalen Argumenten haben[249]. Dabei muß diese objektive Grundlage sogar aus rationalen Gründen den Schluß erlauben, daß das festgestellte Geschehen mit hoher Wahrscheinlichkeit mit der Wirklichkeit übereinstimmmt[250].

5. Zur Interpretation des Prinzips der „freien Beweiswürdigung“ als einen Grundsatz „objektiv-subjektiver“ Beweiswürdigung

Aus den voranstehenden Überlegungen wird deutlich, daß das subjektive Element im Würdigungsvorgang eines objektiven Unterbaus bedarf, um im Prozeß der Überzeugungsbildung nicht bloß in ein subjektives Meinen oder Glauben zu verfallen und die richterliche Entscheidung dem Vorwurf der Beliebigkeit zu entziehen.

Die Ausführungen über die nur begrenzte Feststellbarkeit subjektiver Deliktsmerkmale haben damit exemplarisch die Notwendigkeit der vorab dargestellten Fortentwicklung des Prinzips der „freien Beweiswürdigung“ hin zu

[245] Herdegen, NStZ 1987, 193, 197
[246] Peters, FS für R. Gmür, S. 321; Albrecht, NStZ 1983, 486, 489
[247] Freund, S. 62
[248] BGH StV 1993, 510, 511
[249] Fezer, StV 1995, 95, 99
[250] BGH StV 1993, 510, 511

einem Grundsatz der „objektiv-subjektiven“ Beweiswürdigung[251] veranschaulicht. Die Verwendung des Begriffes „objektiv-subjektive Beweiswürdigung“ macht es möglich, den Würdigungsvorgang auch sprachlich dem Vorwurf der Beliebigkeit und Unkontrollierbarkeit zu entziehen. Dieser Begriff weist darauf hin, daß der Würdigungsvorgang stets der Anknüpfung an objektive Tatsachen bedarf[252].

Dieses Verständnis vom Prinzip der „freien Beweiswürdigung“ gewährt zwar keine absolut sichere Feststellbarkeit subjektiver Deliktsmerkmale, aber durch die Ankoppelung der subjektiven richterlichen Gewißheit an eine objektive Tatsachengrundlage wird auch das Vorliegen des subjektiven Tatbestandes zumindest dem Verdacht entzogen, lediglich eine nach Belieben getroffene Entscheidung zu sein. Die Stützung des tatrichterlichen Gewißheitserlebnisses durch eine objektive Überzeugungskomponente hat also eine kontrollierende und begrenzende Funktion gegenüber zu frühzeitiger subjektiver Gewißheit[253].

V. Zwischenergebnis

Die rechtshistorische Betrachtung der Gewordenheit des Prinzips der „freien Beweiswürdigung“ hat aufgezeigt, daß sich dieser Grundsatz – ausgehend von einer Loslösung von starren Beweisregeln – zunächst zu einer rein „subjektiven Theorie“ entwickelt hat, dann aber durch das Erfordernis der Anknüpfung des subjektiven Gewißheitserlebnisses an eine objektive Grundlage eine stärkere Sachgebundenheit erfahren hat. Schließlich erfolgte mit der Forderung nach dem Beweismaß der „hohen Wahrscheinlichkeit“ eine weitere Verobjektivierung des Überzeugungsbildungsprozesses.

Demzufolge besteht der Würdigungsvorgang aus einer objektiven und einer subjektiven Komponente, wobei das subjektive richterliche Gewißheitserlebnis stets der Anbindung an eine objektive Tatsachengrundlage bedarf. Insofern ist die Beweiswürdigung auch nicht „frei“, soweit sie an die objektive Grundlage gebunden ist. Diese untersteht den allgemeinen Regeln der Erkenntnisgewinnung. Somit sind die „Beweiswürdigungsregeln“ in Form

---

[251] Peters, S. 298
[252] Peters, S. 298
[253] Albrecht, NStZ 1983, 486, 489

von Denkgesetzen und (zwingenden) Erfahrungssätzen für den Tatrichter ebenfalls einzuhaltende Bindungen, die sich genauso, wie die richterliche Bindung durch die Urteilsbegründungsanforderungen aus der Struktur des Überzeugungsbildungsprozesses von selbst ergeben.

Eine weitere Bindung und Absicherung erfährt der Grundsatz der „freien Beweiswürdigung" durch die Pflicht zur Aufklärung der „materiellen Wahrheit". Der Amtsaufklärungsgrundsatz gewährleistet nämlich, daß im Rahmen der prozessualen Vorschriften sämtliche relevanten Tatsachen hervorgebracht werden, so daß die richterliche Überzeugung auf einer umfassend ermittelten Bewertungsgrundlage gebildet werden kann. Deshalb müssen beide Prinzipien stets im Zusammenhang betrachtet werden, sie stehen in einer engen Sachbeziehung zueinander.

Angesichts der Gebundenheit des tatrichterlichen subjektiven Gewißheitserlebnisses an eine objektive Tatsachengrundlage ist es sachgerecht, die „freie Beweiswürdigung" als einen Grundsatz der „objektiv-subjektiven" Beweiswürdigung zu verstehen. Die Verwendung dieses Begriffes hebt hervor, daß der Überzeugungsbildungsprozeß objektive und subjektive Elemente aufweist. Auf diese Weise wird der richterliche Würdigungsvorgang auch terminologisch dem Vorwurf der Beliebigkeit ein Stück weit entzogen.

Die Notwendigkeit der Fortentwicklung des Rechtsinstituts der „freien Beweiswürdigung" konnte exemplarisch an der nur begrenzt möglichen Feststellbarkeit subjektiver Deliktsmerkmale nachvollzogen werden. Diese sind als fremdpsychische Vorgänge besonders schwer feststellbar, da sie naturgemäß der unmittelbaren richterlichen Wahrnehmung unzugänglich sind.

F. DER SACHVERSTÄNDIGENBEWEIS IM KONTEXT DER PFLICHT ZUR AUFKLÄRUNG „MATERIELLER WAHRHEIT" UND DER „FREIEN BEWEISWÜRDIGUNG"

I. Vorbemerkung

In diesem Kapitel wird der zur Aufklärung „materieller Wahrheit" häufig notwendige Sachverständigenbeweis[254] in seiner rechtshistorischen Entwicklung betrachtet. Desweiteren wird untersucht, ob für die richterliche Beweiswürdigung die Gefahr besteht, daß der Tatrichter vom Sachverständigen aus seiner Pflicht zur Würdigung der Beweise verdrängt wird. In diesem Zusammenhang wird – das zeigt sich als notwendig – auf den Rollenkonflikt zwischen Richter und Sachverständigem näher eingegangen, um im Anschluß mögliche Lösungsvorschläge für das als krisenhaft bezeichnete Verhältnis zwischen Richter und Gutachter diskutieren zu können.

Exemplarisch wird anhand der Feststellung der Voraussetzungen der §§ 20 und 21 StGB dargelegt, daß eine mögliche „Abdankung" der richterlichen Beweiswürdigung vornehmlich aus einer Kompetenzunterschreitung des Tatrichters resultiert.

Zum besseren Verständnis dieses Kapitels werden die Systematik und die Voraussetzungen der §§ 20 und 21 StGB überblickartig dargestellt. Aus dieser Darstellung werden darüberhinaus erste Schlüsse für die Rolle des Sachverständigen und die des Richters bei der Schuldfähigkeitsfeststellung gezogen.

II. Zur rechtshistorischen Entwicklung des Sachverständigenbeweises im Strafprozeß

Das Verhältnis zwischen Richter und Sachverständigem bei der Beweiswürdigung wird heute als problematisch angesehen[255]. Dieses krisenhafte Spannungsverhältnis wird verständlich, wenn im folgenden die Entwicklung des

---

[254] vgl. D. IV. 1.

[255] LR-Dahs, vor § 72 StPO, Rn. 16

Sachverständigenbeweises im Strafprozeß rechtshistorisch nachvollzogen wird.

Die Sachverständigenbeiziehung im Strafprozeß hat bereits eine lange Tradition. Beispielsweise hat der Sachverständige schon in der Hessischen Gerichtsordnung von 1532 und in der Brandenburgischen Gerichtsordnung von 1582 seinen festen Platz. War die Hinzuziehung eines Sachverständigen nicht ausdrücklich vorgeschrieben, dann stand seine Beiziehung im Ermessen des Gerichts. Sofern ein Gutachten erstattet wurde, war das Gericht aber vollständig an dasselbe gebunden[256]. Der Gutachter genoß so hohes Ansehen, daß der Richter aufgrund der geltenden Beweistheorie[257] der Stellungnahme des Sachverständigen zu folgen hatte[258].

In der Zeit der Aufklärung am Ende des 18. Jahrhunderts kam es zur Einführung von Freiheitsstrafen auf breiter Basis. Diese Zeit fällt zusammen mit der Differenzierung zwischen solchen Tätern, denen die Fähigkeit zugesprochen wurde, sich für oder gegen die Unrechtsbegehung zu entscheiden und solchen Straftätern, denen diese Fähigkeit aufgrund einer attestierten Krankheit aberkannt wurde. Die kranken Straftäter waren nicht frei vor einer Verfolgung durch die Justiz, doch wartete statt des Gefängnisses eine besondere Anstalt auf sie. Deren Zweck bestand darin, den Straftäter unter der Bedingung einer sicheren Verwahrung zu heilen. Eine solche Differenzierung zwischen „normalen" und „kranken" Straftätern erforderte die Mitwirkung von Fachleuten, insbesondere von psychiatrischen Sachverständigen[259].

Im Rahmen einer stärkeren Betonung der richterlichen Souveränität beanspruchten die Juristen diesen Bereich aber für sich. Die Ausübung und Anwendung von Menschenkunde betrachteten sie als ihr ureigenstes Metier. Dementsprechend stellte das Reichsgericht die Zuziehung eines Sachverständigen in das pflichtgemäße Ermessen des Tatrichters. Das Reichsgericht hielt in seiner Anfangsphase die Inanspruchnahme eines Sachverständigen nicht einmal in solchen Fällen für erforderlich, die nach allgemeiner Auffassung

---

[256] Hetzer, S. 96
[257] vgl. E. II. 1.
[258] Plewig, S. 32
[259] Plewig, S. 45

eine besondere Sachkunde erforderten[260]. Hieraus wird gefolgert, daß das Reichsgericht zwar erkannte, daß die Komplexität der Sachverhalte umfangreiches Wissen voraussetzt, aber davon ausging, daß der Richter im Zweifel diese umfassende Kompetenz besitzt[261].

Infolge der zunehmenden Spezialisierung der Fachwissenschaften ließ sich das Bild vom allseits gebildeten Richter jedoch nicht mehr aufrecht halten. Deshalb schränkte das Reichsgericht seinen Standpunkt schließlich ein[262]. Nach dieser Einschränkung durfte das Gericht die Beiziehung eines Sachverständigen unterlassen, wenn es sich selbst die nötige Sachkunde zutraute und diese nach der Erfahrung des Lebens auch haben konnte[263].

Der Entscheidung des Reichsgerichts zufolge war die Eigenkompetenz des Richters immerhin noch der Regelfall[264]. Der Bundesgerichtshof ging aber schließlich noch einen Schritt weiter und formulierte, daß der Richter sich auf die eigene Sachkunde nur noch dort verlassen darf, wo es auf die betreffende Frage für die Urteilsfindung nicht maßgebend ankommt[265].

Damit kann festgehalten werden, daß sich die Autonomie des Tatrichters zunehmend verengte. Hinzu kommen höchstrichterliche Hinweise, die angeben, welche Gutachter-Disziplin für welche Fachfrage zuständig ist. Dies gilt auch für die Schuldfähigkeitsbeurteilung. Gibt es Anzeichen dafür, daß der Angeklagte in geistiger Hinsicht von der Norm abweicht, dann darf sich das Gericht zur Beurteilung des Geisteszustandes die erforderliche Sachkunde in der Regel nicht zutrauen[266]. Zur Beurteilung der Schuldfähigkeit muß in der Regel ein Psychiater herangezogen werden[267].

---

260 RGSt 3, 176
261 Plewig, S. 32
262 Kaufmann, JZ 1985, 1065, 1070
263 RGSt 61, 273
264 Kaufmann, JZ 1985, 1065, 1070
265 BGHSt 7, 82, 85; Kaufmann, JZ 1985, 1065, 1070
266 Kleinknecht/Meyer-Goßner, § 244 StPO, Rn. 74a
267 Kleinknecht/Meyer-Goßner, § 73 StPO, Rn. 8

III. Das Prinzip der „freien Beweiswürdigung" und der Sachverständigenbeweis unter besonderer Berücksichtigung der Feststellung der Voraussetzungen der §§ 20 und 21 StGB

1. Problemstellung

Wie bereits dargestellt, ist das Gericht nach § 244 II StPO zur Erforschung der „materiellen Wahrheit" von Amts wegen verpflichtet. Diese Pflicht verlangt vom Tatrichter die Ausschöpfung aller zulässigen Beweismittel, die nach der Verfahrenslage in Betracht zu ziehen sind[268]. Gemäß § 261 StPO entscheidet der Richter über das Ergebnis dieser Beweisaufnahme nach seiner „freien" Überzeugung. Dabei muß dieses Prinzip der „freien Beweiswürdigung", entsprechend der vorangegangenen Ausführungen, als Grundsatz einer „objektiv-subjektiven" Beweiswürdigung verstanden werden[269]. Angesichts der Tatsache, daß Lebenssachverhalte komplex sind und immer eine Diskrepanz zwischen Allgemeinwissen und dem Erfahrungsgut von Wissenschaft gegeben ist, ist der Richter im Rahmen dieses Überzeugungsbildungsprozesses auch auf Erfahrungssätze von „fremden" Fachwissenschaften angewiesen. Diese Erfahrungssätze teilt der Gutachter dem Gericht mit und wendet sie auf einen bestimmten Sachverhalt an. Der Tatrichter muß sich also zur Wahrung seiner Pflichten des Sachverständigen als Beweismittel bedienen[270].

In dieser Notwendigkeit liegt gleichzeitig eine Gefahr für den richterlichen Überzeugungsbildungsprozeß. Nicht übersehen werden darf die Gefahr einer „Abdankung" der richterlichen Beweiswürdigung[271], durch einen Kompetenzverlust des Strafrichters infolge einer zu hohen Aufwertung des Sachverständigen[272]. Zu beklagen und zu befürchten ist, insbesondere bei der Schuldfähigkeitsfeststellung, daß der Richter es zu häufig hinnimmt, daß schon der Gutachter die Schuldfähigkeit bejaht oder verneint. Die Gefahr ist gegeben, daß der Richter die ihm nach dem Gesetz obliegende Verantwortung der Ent-

268 vgl. D. III
269 vgl. E. III. 4.; E. IV. 5.
270 Schreiber, S. 1007f; Jessnitzer / Frieling, Rn. 243
271 Krauß, ZStW 1973, 320, 334, Fn. 35
272 Plewig, S. 3

scheidungsfindung auf den Sachverständigen abwälzt[273]. Ein Verlust an richterlicher Unabhängigkeit ist zu bemängeln, dem zufolge der Richter seiner aus § 261 StPO resultierenden Pflicht zur „freien" Beweiswürdigung nicht mehr genügen kann[274].

Dieses wird in der Literatur nicht selten als die Krise des Sachverständigenbeweises[275] bezeichnet. Ob diese Befürchtungen wirklich ernst zu nehmen sind, wird exemplarisch anhand der Feststellung der Voraussetzungen der §§ 20 und 21 StGB erörtert. Dabei wird betrachtet, ob es sich nicht vielmehr um eine Krise der richterlichen Überzeugungsbildung[276] handelt.

2. Die Systematik der §§ 20 und 21 StGB und ihre Voraussetzungen

Den Ausgangspunkt für die Schuldfähigkeitsbeurteilung bilden die Bestimmungen der §§ 20 und 21 StGB. Deren Systematik und Voraussetzungen werden hier insoweit erläutert, wie dieses zum Verständnis der weiteren Ausführungen, zur Aufklärung der soeben aufgezeigten Problemlage, erforderlich ist.

Nach § 46 I 1 StGB ist Grundlage für die Strafzumessung die Schuld des Täters. Dies bedeutet, das geltende Strafrecht ist als Schuldstrafrecht verfaßt[277]. Eine Bestrafung kann demnach nur erfolgen, wenn dem Täter ein vorwerfbares Handeln auch angelastet werden kann. Wenn der Täter für seine Handlung „nichts kann", dann würde seine Bestrafung zu Unrecht erfolgen[278]. Eine Bestrafung ist somit abhängig davon, ob der Täter im Zeitpunkt der Tatbegehung überhaupt schuldfähig war. Festzustellen ist vom Tatrichter demnach, ob eine Schuldunfähigkeit im Sinne des § 20 StGB oder eine verminderte Schuldfähigkeit nach § 21 StGB vorliegt.

273 Jessnitzer / Frieling, Rn. 237, 240; Kaufmann, JZ 1985, 1065
274 Kaufmann, JZ 1985, 1065, 1071
275 Streng, NStZ 1995, 12
276 Rasch, NStZ 1992, 257, 258
277 Blau, Jura 1982, 393
278 LK-Jähnke, § 20 StGB, Rn. 3

Bei Vorliegen der Voraussetzungen von § 20 StGB erfolgt aufgrund der festgestellten Schuldunfähigkeit keine Bestrafung[279].

Der nur vermindert Schuldfähige ist hingegen schuldfähig. Er ist also für seine Tat verantwortlich und ist auch zu bestrafen[280]. Die Vorschrift des § 21 StGB kann lediglich eine mildernde Auswirkung auf die Strafrahmenwahl und die Strafzumessung haben. Deshalb wird auch die Ansicht vertreten, § 21 StGB behandele eine reine Strafzumessungsfrage. Im Rahmen des § 21 StGB hat der Tatrichter die Möglichkeit, den Regelstrafrahmen nach § 49 I StGB zu mildern oder die verminderte Schuldfähigkeit im Rahmen eines minder schweren Falles zu berücksichtigen. Ist der Tatbestand eines besonders schweren Falles erfüllt, dann kann der Tatrichter – um § 21 StGB zu berücksichtigen – den Regelstrafrahmen anwenden oder den Strafrahmen des besonders schweren Falles gemäß der §§ 21, 49 I StGB mildern[281].

Sowohl im Rahmen des § 20 StGB als auch im Rahmen des § 21 StGB ist – bei Vorliegen der Voraussetzungen – die Anordnung einer Maßregel der Besserung und Sicherung möglich[282].

Die Feststellung, ob die Schuldfähigkeit ganz aufgehoben ist oder nur vermindert ist, wird in zwei Stufen vollzogen. Zu unterscheiden sind nach der „psychologisch-normativen“ Methode – auch wenn die Terminologie nicht einheitlich ist – eine sogenannte „psychologische“ und eine „normative“ Ebene. Gemeinsam ist den §§ 20 und 21 StGB, daß zunächst eines der vier in § 20 StGB normierten „psychologischen“ Eingangsmerkmale erfüllt sein muß. Die Störung auf dieser Ebene muß schließlich so stark sein, daß auf „normativer“ Ebene die Fähigkeit des Täters, das Unrecht der Tat einzusehen oder entsprechend dieser Einsicht zu handeln – sogenannte Steuerungsfähigkeit[283] – entweder ausgeschlossen oder erheblich vermindert ist. Ist letzteres der Fall, kommt § 21 StGB zur Anwendung. Andernfalls trifft § 20 StGB zu[284].

[279] Engelhardt, S. 5
[280] LK-Jähnke, § 21 StGB, Rn. 1
[281] LK-Jähnke, § 21 StGB, Rn. 17
[282] Engelhardt, S. 6
[283] Streng, NStZ 1995, 12, 14
[284] Blau, Jura 1982, 393, 402

a. Die „psychologische“ Ebene und die Funktion des Sachverständigen

Im folgenden werden die vier in § 20 StGB normierten Voraussetzungen der „psychologischen“ Ebene, die als Eingangsmerkmale für die Anwendbarkeit der §§ 20 und 21 StGB fungieren, kurz erläutert. Dabei wird nicht ins Detail gegangen. Dieses ist ausreichend, weil sich schon aus dieser „oberflächlichen“ Betrachtung erste Schlußfolgerungen für die gutachterliche und die richterliche Tätigkeit ergeben.

Das Merkmal der „krankhaften seelischen Störung“ erfaßt in erster Linie (hirn)organisch bedingte psychische Störungen, wie z.B. epileptische Psychosen, Persönlichkeitsveränderungen und Entzugserscheinungen[285].

Die „tiefgreifende Bewußtseinsstörung“ ist dagegen eine nicht krankhafte Trübung oder Einengung des Bewußtseins[286]. Sie wird auch als psychischer Ausnahmezustand bei ansonsten psychisch gesunden Personen beschrieben[287]. Beispielsweise ist dieses beim Vorliegen eines Erschöpfungszustandes oder einer schweren Übermüdung der Fall[288]. Eine Bewußtseinsstörung dieser Art muß jedoch „tiefgreifend“ sein. Dieses ist dann anzunehmen, wenn die Störung von der Intensität her einer „krankhaften seelischen Störung“ vergleichbar ist[289].

„Schwachsinn“ wird als angeborene Intelligenzschwäche definiert, für die keine nachweisbare körperliche Ursache besteht[290].

Das Merkmal der „schweren seelischen Abartigkeit“ betrifft nicht krankhafte schwere psychische Störungen der Persönlichkeit[291]. Beispiele hierfür sind Angstneurosen, neurotische Depressionen und Triebstörungen[292]. Das Adjektiv „schwer“ weist wiederum daraufhin, daß ein Schweregrad erreicht sein muß, der einer „krankhaften seelischen Störung“ entspricht[293].

---

285 Greuel, S. 107; Reinhardt, S. 284f
286 Reinhardt, S. 285
287 Greuel, S. 107
288 Engelhardt, S. 8
289 Rasch, StV 1984, 264, 266
290 Verrel, S. 22
291 Greuel, S. 107; Rasch, StV 1984, 264, 266
292 Reinhardt, S. 286f
293 Verrel, S. 23

Die Schuldunfähigkeitsmerkmale dieser „psychologischen“ Komponente sind zunächst einmal Rechtsbegriffe und nicht etwa psychologische oder psychiatrische Symptombilder[294]. Die Merkmale sollen es dem Richter ermöglichen, ein Urteil darüber abzugeben, ob die Rechtsgemeinschaft einem bestimmten Täter – in Anbetracht seiner psychischen und konstitutionellen Verfassung – vorwerfen kann, sich nicht rechtstreu verhalten zu haben. Für den Strafprozeß folgt hieraus, daß es an sich Sache des Richters ist, und nicht eines Sachverständigen, über die Schuldfähigkeit oder Schuldunfähigkeit zu entscheiden[295].

Schon diese kurze Definition der Eingangsmerkmale macht aber deutlich, daß die einschlägigen Rechtsbegriffe auch in einem psychopathologischen Kontext stehen. Diesen wenigstens in Umrissen zu kennen und zu berücksichtigen ist für den Tatrichter notwendig. Ansonsten entfernt er sich im Überzeugungsbildungsprozeß zu weit von der Wirklichkeit, die er ja gerade normativ ordnen soll[296]. Der Tatrichter wird deshalb die Sachfeststellungen über das Vorliegen der „psychologischen“ Schuldfähigkeitskomponente in Ermangelung eigener Sachkunde regelmäßig einem Sachverständigen übertragen müssen[297]. Die richterliche Lebenserfahrung allein ist nicht hinreichend[298].

b. Die „normative“ Ebene und die Funktion des Richters

Nach § 20 StGB handelt der Täter ohne Schuld, wenn er, bedingt durch eine Störung auf der „psychologischen“ Ebene, nicht fähig war, das Unrecht der Tat im Tatzeitpunkt einzusehen oder entsprechend dieser Einsicht zu handeln. Im Umkehrschluß bedeutet dieses: Das Gesetz geht davon aus, daß grundsätzlich jeder Mensch fähig ist, nach seiner Einsicht zu handeln. Ein Straftäter handelt damit schuldhaft, wenn er anders handelt, als er handeln

---

[294] Greuel, S. 107
[295] Blau, Jura 1982, 393
[296] Blau, Jura 1982, 393, 394
[297] Walter, D., S. 147
[298] Plewig, S. 53

könnte[299]. Dem Täter wird vorgeworfen, daß er sich für das Unrecht entschieden hat, obwohl er sich für das Recht hätte entscheiden können[300].

Daraus ergibt sich die grundsätzliche Frage, ob der Mensch in seinem Willen überhaupt frei ist, also tatsächlich anders hätte handeln können. Gibt es für den Menschen nämlich eine solche Willensfreiheit nicht, dann kann ihm aus seinen Handlungen auch kein Vorwurf gemacht werden. Ihn trifft dann keine Schuld. Wer demzufolge eine Handlung begeht, die das geltende Recht mit Strafe bedroht, wäre nicht strafwürdig, sondern lediglich erziehungs- und behandlungsbedürftig[301].

Letzteres entspricht der Auffassung der Vertreter des sogenannten Determinismus. Diese Vertreter bestreiten, daß der Mensch „frei" ist in der Entscheidung über sein Handeln. Der Wille des Menschen soll durch seine eigenen Wertgefühle – deren Herr er nicht ist – bestimmt sein. Der Mensch ist also Sklave seiner Gefühle. Im Zeitpunkt des Handelns wird nach dieser Auffassung der Wille des Menschen von seinen Gefühlen überwogen[302].

Die Anhänger des sogenannten Indeterminismus gehen hingegen davon aus, daß der Mensch in seinem Handlungswillen „frei" ist[303].

Wie erwähnt ergibt sich aus einem Umkehrschluß des §20 StGB, daß auch der Gesetzgeber von einem selbstbestimmungsfähigen Normal-Täter ausgeht. Die Unrechtseinsichtsfähigkeit wird als gegeben unterstellt[304].

Nachweisbar ist es jedoch nicht, ob ein Mensch in einer konkreten Situation sich „frei" entscheiden und „frei" handeln kann. Ebensowenig ist aber zu beweisen, daß der Mensch stets streng determiniert handelt[305]. Von einem zur Selbstbestimmung fähigen „Normal-Täter" als juristisch-psychologisches Konstrukt auszugehen ist aber deshalb notwendig, weil es ansonsten beispielsweise keine unverletzlichen Menschenrechte geben könnte. Auf solche Rechte kann sich nämlich nur der selbstbestimmungsfähige Bürger berufen, nicht aber derjenige, der Produkt bestimmter kausaler Zwänge ist[306].

---

299 Engelhardt, S. 11
300 BGHSt, 2, 194, 200
301 Dreher ZStW 1983, 340, 373
302 Dreher, ZStW 1983, 340
303 Kaufmann, Jura 1986, 225, 226
304 Greuel, S. 106; Blau, Jura 1982, 393, 395
305 Kaufmann, Jura 1986, 225, 226
306 Witter, S. 40; Blau, Jura 1982, 393, 395

Richtig ist sicherlich, das solche Zwänge gelegentlich vorkommen können. Gerade deshalb räumt aber auch der Gesetzgeber die Möglichkeit zur Feststellung der Schuldunfähigkeit in § 20 StGB ein[307]. Der Gesetzgeber hat somit die Situation des determinierten Täters gleichwohl berücksichtigt.

Von der grundsätzlichen Willensfreiheit des Menschen – zumindest als Konstrukt – ausgehend, stellt sich das Problem, ob der Sachverständige, der zur Beurteilung der „psychologischen" Komponente regelmäßig herangezogen werden muß[308], auch zur „normativen" Komponente Stellung nehmen darf. Folgende Frage ist zu beantworten: Darf der Sachverständige Aussagen darüber machen, ob der Täter fähig war, daß Unrecht der Tat einzusehen oder entsprechend dieser Einsicht zu handeln. Oder sind Aussagen darüber allein eine Entscheidung des Richters?

Hierüber besteht in der forensisch-psychiatrischen Wissenschaft Uneinigkeit. Vertreten wird eine „gnostische" und eine „agnostische" Richtung.

Nach Ansicht der Gnostiker ist eine begründete Aussage über die Einsichtsfähigkeit des Menschen möglich. Die Gnostiker halten die Steuerungsfähigkeit des Täters zum Tatzeitpunkt für wissenschaftlich klärbar[309]. Sie sehen es deshalb als Aufgabe des Sachverständigen an, die Einsichtsfähigkeit des Täters zu beurteilen[310].

Die Agnostiker hingegen halten eine Aussage zur Einsichts- und Steuerungsfähigkeit des Täters für unmöglich. Diese Fähigkeit soll wissenschaftlich nicht feststellbar sein[311]. Die Beurteilung der „normativen" Schuldfähigkeitskomponente wird demzufolge dem Richter überlassen[312].

Der Gnostizismusstreit braucht hier nicht weiter betrachtet zu werden. Nach der Auffassung des Bundesgerichtshofes liegt die Entscheidungszuständigkeit in Bezug auf die „normative" Schuldunfähigkeitskomponente eindeutig beim Tatrichter. Der Richter ist nach Auffassung der Rechtsprechung zur

307 Blau, Jura 1982, 393, 395
308 vgl. F. III. 2. a.
309 Streng, NStZ 1995, 12, 15
310 Engelhardt, S. 12
311 Streng, NStZ 1995, 12, 14
312 Engelhardt, S. 12

selbständigen Beurteilung des Gutachtens aufgerufen. Die Sachverständigen dürfen keine rechtlichen Wertungen vornehmen[313].

Da aber, wie bereits ausführlich dargestellt, die richterliche Entscheidung eine tragfähige und sachgerechte Entscheidungsgrundlage braucht, ist der Sachverständige für den Richter auf dieser zweiten Ebene der Schuldfähigkeitsfeststellung dennoch ein unverzichtbarer Gesprächspartner[314].

Diese Ausführungen haben damit zu einem wichtigen Punkt geführt. Welche Gefahren nämlich für den tatrichterlichen Überzeugungsbildungsprozeß in den gutachterlichen Äußerungen zur „normativen" Schuldfähigkeitkomponente und in dem dargestellten fachwissenschaftlichen Richtungsstreit angelegt sind, wird im weiteren Verlauf dieser Arbeit erörtert [315].

3. Zum Rollenkonflikt zwischen Richter und Sachverständigem im Strafprozeß

Vor dem geschilderten Hintergrund wird eine Diskussion um die Rolle und die Funktion des Sachverständigen im Strafverfahren geführt. Darin spielt der Sachverständige eine gewichtige Rolle im Zusammenhang mit der Richtertätigkeit. An sich soll er, das hat auch die vorangegangene Darstellung gezeigt, mit seinem Gutachten lediglich die Voraussetzungen für die richterliche Urteilsfindung liefern. Dennoch behaupten Gutachter häufig auch Tatsachen, die schon eine an sich dem Richter obliegende Entscheidung darstellen. Beklagt wird, daß der psychiatrische Sachverständige vielfach nicht nur Tatsachen untersucht, sondern in seinem Gutachten auch wertet und urteilt[316]. Beispielsweise bezeichnen Gutachter Betroffene in einem Strafverfahren immer wieder als schuldig oder nicht schuldig[317]. Hierin wird die Gefahr einer zu starken außerjustiziellen Einflußnahme auf die richterliche Beweiswürdigung gesehen. Von einer schrittweisen Entmachtung des Richters wird gespro-

---

[313] BGHSt 7, 238, 239; 8, 113, 118
[314] Blau, Jura 1982, 393, 395; Streng, NStZ 1995, 161, 165
[315] vgl. F. III. 5. a. und F. III. 6. a.
[316] Kaufmann, JZ 1986, 1065, 1066
[317] Plewig, S. 8, Fn. 5

chen[318]. Dieses, weil der Richter es zu häufig hinnimmt, daß der Sachverständige die Schuldfähigkeit bejaht oder verneint[319].

Hierin werden zwei unterschiedliche Machtpositionen sichtbar. Der Sachverständige ist eine Autorität durch sein Spezialwissen, während der Richter eine Machtposition kraft Gesetz inne hat. Nach Art. 92 GG ist die rechtsprechende Gewalt eindeutig den Richtern anvertraut, die sie gemäß Art. 97 I GG unabhängig und nur dem Gesetz unterworfen wahrnehmen[320].

Geführt wird damit ein Konflikt um die Funktionsbestimmung des Sachverständigen im Strafprozeß. Auf diesen wird nachfolgend kurz eigegangen, um das als problematisch bezeichnete Verhältnis zwischen Richter und Sachverständigem[321] weiter zu kennzeichnen.

a. Die Befürworter des Gehilfenkonzepts

Die Befürworter des sogenannten Gehilfenkonzeptes bezeichnen den Gutachter im Strafprozeß als einen Richtergehilfen. Damit kommt zum Ausdruck, daß der Gutachter im Strafprozeß an die Seite des Richters gebunden ist[322]. Begründet wird dies u.a. damit, daß der Sachverständige als Auskunftsperson fungiert und im Rahmen seines Fachgebietes das Entscheidungsmaterial für den Richter aufzubereiten hat. Dadurch sollen Wissen und Lebenserfahrung des Richters ergänzt werden[323]. In diesem Sinne bezeichnet beispielsweise Maisch den Sachverständigen als einen Richtergehilfen, weil er dem Richter zu einer zutreffenden Bewertung von persönlichen und sachlichen Beweismitteln verhilft[324]. Auch Janssen bezeichnet den Gutachter als Richtergehilfen, weil dessen wichtigste Aufgabe darin bestehen soll, dem Richter bei der Wahrheitsfindung zu helfen[325].

---

318 LR-Dahs, vor § 72, Rn. 17
319 Kaufmann, JZ 1986, 1065
320 Jessnitzer / Frieling, Rn. 234; Schreiber, S. 1008
321 LR-Dahs, vor § 72 StPO, Rn. 16
322 Maisch, MschKrim 1973, 189, 190
323 Plewig, S. 9f
324 Maisch, MschKrim 1973, 189, 190
325 Janssen, Kriminalistik 1970, 434, 435

Bestätigung erfährt diese „helfende Funktion“ durch die Rechtsprechung des BGH. Der Sachverständige soll danach als Gehilfe des Gerichts die fehlende Sachkunde des Richters auf einzelnen besonderen Gebieten des Wissens und der menschlichen Tätigkeit ergänzen[326]. Der Sachverständige ist ein Gehilfe des Richters. Er hat dem Gericht den Tatsachenstoff zu unterbreiten, der nur auf Grund besonders sachkundiger Beobachtungen gewonnen werden kann. Der Sachverständige ist eindeutig nicht berufen, dem Richter die Verantwortung für die Feststellungen abzunehmen, die seinem Urteil zugrunde gelegt werden. Dieses gilt nach der Auffassung des BGH sowohl für die Sachverhaltsermittlung, als auch für ärztliche Beobachtungen und die daraus resultierenden Folgerungen[327]. Nach Ansicht des BGH ist der Tatrichter auch in schwierigen Fachfragen zu einem eigenen Urteil verpflichtet. Er hat die Entscheidung auch in diesen Fragen selbst zu erarbeiten und ihre Begründung zu durchdenken. Dabei darf er sich vom Sachverständigen nur helfen lassen[328].

Die StPO selbst nennt den Begriff des Richtergehilfen nicht, bestimmt aber dennoch in diesem Sinn das Rollenverhältnis zwischen Richter und Sachverständigem[329]. Nach § 78 StPO obliegt dem Richter nämlich die Leitung des Sachverständigen. Damit wird faktisch ein Über- und Unterordnungsverhältnis normiert. Das Gericht nimmt also im Sinne der StPO gegenüber dem Sachverständigen eine übergeordnete Stellung ein[330].

Der Tatrichter wird ferner durch eine Präzisierung der Anforderungen, die seitens der höchstrichterlichen Rechtsprechung an die objektive Überzeugungskomponente gestellt werden, von einer Abhängigkeit gegenüber dem Sachverständigen zu emanzipieren versucht[331].

In der Regel haben nämlich naturwissenschaftliche und psychiatrisch-psychologische Untersuchungen nur den Gültigkeitsgrad von Wahrscheinlichkeitsaussagen. Selbst Erkenntnisse, die extrem gut gesichert sind und einen hohen Bestätigungsgrad erlangen, werden die Kategorie der Wahrscheinlich-

---

326 BGHSt 3, 27, 28
327 BGHSt 7, 238, 239
328 BGHSt 8, 113, 118
329 Kaufmann, JZ 1986, 1065, 1066
330 Schreiber, S. 1008, Verrel, S. 32
331 Albrecht, NStZ 1983, 486, 490

keit niemals verlassen[332]. Eine richterliche Anbindung an solche Wahrscheinlichkeitsaussagen des Gutachtens wären also – ohne eigene Wertung – höchst bedenklich. Der Richter bleibt deshalb stets zu einer selbständigen Entscheidung verpflichtet[333].

Gibt ein Sachverständiger insofern nur ein Wahrscheinlichkeitsurteil ab, dann kann dies allein für die tatrichterliche subjektive Gewißheit nicht als ausreichende Überzeugungsgrundlage genügen. Weitere Beweisanzeichen sind nötig[334]. Deshalb muß der Tatrichter auch bei der Heranziehung eines Sachverständigenbeweises die wesentlichen Anknüpfungstatsachen, also die tatsächlichen Grundlagen, an die das Gutachten anknüpft, aber auch die Darlegungen des Gutachters, im Urteil wiedergeben[335]. Dies entspricht den bereits dargelegten Ausführungen zum Grundsatz einer „objektiv-subjektiven" Beweiswürdigung. Verlangt wird also, daß der Tatrichter zu einer persönlichen Gewißheit auf objektiv-rationaler Grundlage gelangt[336].

b. Die Gegner des Gehilfenkonzepts

Die Gegner des Gehilfenkonzepts wenden ein, daß angesichts der eingangs beschriebenen Einflußmöglichkeiten des Gutachters auf den richterlichen Überzeugungsbildungsprozeß – insbesondere durch seine Stellungnahme zu Rechtsfragen – die „Gehilfenrolle" nicht mehr dem konkreten Handlungsgeschehen im Strafprozeß entspricht. Der Vorwurf wird erhoben, daß die gutachterliche Wissensvermittlung unter Aufrechterhaltung der richterlichen Souveränität oftmals nur noch eine reine Fiktion ist[337]. Zudem wird befürchtet, wenn der Sachverständige als Gehilfe des Richters angesehen wird, daß dieser als verlängerter Arm der Justiz fungiert und damit zu einem Strafverfolgungsorgan gemacht wird. Dies führt schließlich dazu, daß der Gutachter seine Parteineutralität verliert[338]. Unter Beibehaltung der formalen Rollendefinition als Richtergehilfe wird die Gefahr gesehen, daß der Gut-

---

332 Fincke, GA 1973, 266, 267
333 BGH, NStZ 1981, 296
334 Albrecht, NStZ 1983, 486, 490
335 BGH NStZ 1981, 488
336 vgl. E. III. 1. und 3. und 4.
337 Karpinski, NJW 1968, 1173
338 Maisch, MschKrim 1973, 189, 194

achter sich zu sehr mit der Justiz identifiziert und geneigt ist, einen einseitigen Justizstandpunkt einzunehmen[339]. Außerdem sollen sich Sachverständige mit der Rollenzuschreibung als Richtergehilfe unter Wert gehandelt fühlen[340]. Dieses deshalb, weil sich darin die Wahrnehmung einer Tätigkeit mit geringem Kenntnisstand und geringen Erfahrungen ausdrückt. Dies trifft aber gerade für den gerichtlichen Sachverständigen nicht zu, er ist dem Richter auf seinem Spezialgebiet überlegen[341].

Ob sich die Diskussion um die Funktionsbestimmung des Sachverständigen im Strafprozeß dadurch entschärfen läßt, daß der Gutachter besser als „selbständiger Helfer" des Gerichts bei der Wahrheitsfindung bezeichnet wird[342], kann und braucht hier nicht entschieden zu werden. Es ist vielmehr der Frage nachzugehen, wie die Kompetenzen von Richter und Sachverständigem tatsächlich in der StPO angelegt sind.

Wie sollten die Kompetenzen wahrgenommen werden? Ist unter Berücksichtigung dessen die „Abdankung" der richterlichen Beweiswürdigung durch zu starke gutachterliche Einflußnahme auf den Strafprozeß eine zwangsläufige Entwicklung? Ist von einer solchen Gefahr der Verdrängung des Tatrichters aus seiner Pflicht zur Beweiswürdigung überhaupt zu reden?

4. Zur Wechselbeziehung zwischen Richter und Sachverständigem im Sinne der StPO

Vorangestellt wurde ein Überblick über die Stellung des Sachverständigen zur Schuldfähigkeitsfrage. Desweiteren wurde der sich ergebende Rollenkonflikt zwischen Richter und Sachverständigem aufgezeigt. Daran anschließend wird nun die Wechselbeziehung zwischen Richter und Sachverständigem, so wie sie in der StPO angelegt ist, näher betrachtet. Dieses ist Voraussetzung für ein Verständnis der soeben aufgeworfenen Fragestellungen und der sich dahinter verbergenden Problematik der richterlichen Kompetenzwahrnehmung, die im Anschluß an die nachfolgende Darstellung diskutiert wird.

---

339 Hetzer, S. 103

340 Kaufmann, JZ 1985, 1065, 1066

341 Jessnitzer / Frieling, Rn. 242

342 Schreiber, S. 1008; Jessnitzer / Frieling, Rn. 242

a. Die Auswahl des Gutachters durch den Tatrichter

Nach § 73 I 1 StPO, der sich nur auf das gerichtliche Verfahren bezieht, ist es Sache des Richters, darüber zu entscheiden, ob einem Strafverfahren ein Sachverständiger hinzugezogen wird. Dieser tatrichterliche Ermessensspielraum findet jedoch seine Grenze in der Pflicht zur Erforschung der „materiellen Wahrheit" gemäß § 244 II StPO[343]. Grundsätzlich steht es auch im pflichtgemäßen Ermessen des Richters, aus welchem Fachgebiet der Sachverständige auszuwählen ist[344].

Die Schuldfähigkeit des Angeklagten kann in der Regel nur ein Psychiater begutachten. Von ihm können umfassende Kenntnisse über mögliche Störungen des Angeklagten und deren körperliche Ursachen erwartet werden. Zur Begutachtung gehört auch eine körperliche Untersuchung des Angeklagten. Hierfür hat vornehmlich der Psychiater die erforderlichen Kenntnisse, weniger der Psychologe[345]. Ein Psychologe kann ausnahmsweise die Schuldfähigkeit beurteilen. Sind Anzeichen für Hirnschäden und Kopfverletzungen gegeben, muß im Regelfall ein Neurologe die Begutachtung vornehmen[346].

Gemäß § 161a StPO hat allerdings die Staatsanwaltschaft bereits im Ermittlungsverfahren die Möglichkeit, einen Gutachter zu bestellen. Diese frühe Auswahl des Gutachters durch die Staatsanwaltschaft bringt den Sachverständigen in eine beklagenswerte Position. Er wird, auch wenn es gar nicht zutrifft, dem Vorwurf der Parteilichkeit ausgesetzt[347]. Wird er nämlich während des Prozesses vom Verteidiger „angegriffen", besteht die Gefahr, daß er sich auf die Seite der Staatsanwaltschaft als seine Auftraggeberin schlägt, obwohl er dies gar nicht vorhatte[348].

Welche Konsequenzen hat die staatsanwaltschaftliche Befugnis zur Gutachterbestellung auf die richterliche Beweiswürdigung? Diese Frage drängt sich

---

343 Schreiber, S. 1009
344 Kleinknecht/Meyer-Goßner, § 73 StPO, Rn. 5
345 Rauch NStZ 1984, 497, 498
346 Kleinknecht/Meyer-Goßner, § 73 StPO, Rn. 8
347 Verrel, S. 34; Krauß, ZStW 1973, 320, 331
348 Schreiber, S. 1013

auf. Vor einer Erörterung[349] bedarf es einiger Ausführungen zur Leitung des Gutachters durch den Richter.

b. Die Leitung des Gutachters durch den Tatrichter

Die Vorschrift des § 78 StPO überträgt die Leitung des Sachverständigen ebenfalls dem Richter. Diese Leitungsbefugnis bezieht sich ausschließlich auf die Vorbereitung und Erstellung eines Gutachtens. Daß die Vernehmung des Gutachters durch den Richter geleitet wird, ergibt sich bereits aus § 238 I StPO[350]. Die fachliche Durchführung der Untersuchung ist danach eindeutig Sache des Gutachters. Weisungen, auf welchem Wege das Gutachten zu erarbeiten ist, darf das Gericht dem Sachverständigen nicht geben[351]. Die Leitung des Sachverständigen dient also nicht der Festlegung einer verfahrensrechtlichen Rangordnung zwischen Richter und Sachverständigem. Vielmehr soll sie im Dienste der Wahrheitserforschung die Überzeugungsbildung des Richters fördern[352].

Die Leitung der Sachverständigentätigkeit bedarf keiner besonderen Form. Sie erfordert aber inhaltlich eine klare und eindeutige Aufgabenbeschreibung. Insbesondere ist eine unmißverständliche Formulierung der von dem Gutachter zu beantwortenden Beweisfragen nötig[353]. Dem Gutachter ist das erforderliche, bereits vorhandene Material zur Verfügung zu stellen[354]. Gemeint sind die Anknüpfungstatsachen, zu deren Wahrnehmung keine besondere Sachkunde erforderlich war[355], von denen der Gutachter für die Gutachtenerstattung ausgehen soll. Diese sind ihm als Sachbericht oder in Form des gesamten Aktenmaterials zugänglich zu machen[356]. Die Überlassung des vollen Akteninhalts hat einerseits den Vorteil, daß der Sachverständige auch Tatsachen berücksichtigen kann, die für den Nichtfachmann bedeutungslos er-

[349] vgl. F. III. 5. a.
[350] Kleinknecht/Meyer-Goßner, § 78 StPO, Rn. 1
[351] Jessnitzer / Frieling, Rn. 266
[352] Walter, D., S. 121
[353] Kleinknecht/Meyer-Goßner, §78 StPO, Rn. 2
[354] Jessnitzer / Frieling, Rn. 244
[355] Kleinknecht/Meyer-Goßner, § 79 StPO, Rn. 11
[356] Kleinknecht/Meyer-Goßner, § 78 StPO, Rn. 4; § 80 StPO, Rn. 3

scheinen. Andererseits birgt dieses die Gefahr, daß Akteninhalt verwertet wird, der nicht auch Ergebnis der Hauptverhandlung ist[357]. Trifft letzteres zu, ist ein Verstoß gegen § 261 StPO gegeben. Diese Bestimmung schreibt dem Gericht vor, daß das Urteil gerade nicht auf dem Akteninhalt beruhen soll, sondern auf dem Inbegriff der Verhandlung. Der Akteninhalt darf also nicht mittelbar durch das Gutachten zur Urteilsgrundlage gemacht werden[358].

Unter Bezugnahme auf diese Ausführungen zur Auswahl und Leitung des Gutachters werden im folgenden mögliche Ursachen und Folgen einer schrittweisen Verdrängung des Tatrichters aus seiner Pflicht zur selbständigen Würdigung der Beweise – durch eine außerjustizielle sachverständige Einflußnahme auf den Überzeugungsbildungsprozeß – ergründet.

5. Die tatrichterliche Kompetenzunterschreitung und die gutachterliche Kompetenzüberschreitung als mögliche Ursachen für die „Abdankung" der richterlichen Beweiswürdigung

Nachdem dargestellt wurde, wie die Wechselbeziehung zwischen Richter und Sachverständigem im Sinne der Strafprozeßordnung grundsätzlich angelegt ist, kann festgehalten werden, daß § 73 StPO seinem klaren Wortlaut nach die Auswahl des beizuziehenden Gutachters dem Richter überträgt. Ebenso deutlich bestimmt § 78 StPO, daß auch die Leitung des Sachverständigen Aufgabe des Tatrichters ist.

Im folgenden wird erörtert, wie diese Kompetenzen in der Praxis wahrgenommen werden und welche Konsequenzen Art und Umfang ihrer Wahrnehmung auf die richterliche Beweiswürdigung haben.

a. Zur tatrichterlichen Kompetenzunterschreitung als Ursache für die Entmachtung des Richters im Überzeugungsbildungsprozeß

In der Praxis kann es sich so verhalten, daß bereits die Staatsanwaltschaft im Ermittlungsverfahren einen Gutachter auswählt und beauftragt, um aus des-

---

[357] Walter, D., S. 133

[358] Hetzer, S. 195; Sarstedt, NJW 1968, 177, 180

sen Untersuchungsergebnissen ihr weiteres Vorgehen ableiten zu können[359]. Diese Befugnis zur Gutachterbestellung im Vorverfahren ist der Staatsanwaltschaft gemäß § 161 a StPO übertragen[360], um eine optimale Sachverhaltsaufklärung und eine Beschleunigung des Ermittlungsverfahrens zu gewährleisten[361].

Bedenklich an dieser Regelung ist, daß in der strafprozessualen Praxis der von der Staatsanwaltschaft beauftragte Gutachter auch der vom Gericht in der Hauptverhandlung gehörte Sachverständige sein kann[362]. Eine Beteiligung des Gerichts bei der Auswahl des Sachverständigen im Ermittlungsverfahren ist nicht vorgesehen[363]. Obschon das Gericht zur Bestellung des von der Staatsanwaltschaft beauftragten Gutachters nicht verpflichtet ist und von sich aus einen anderen Sachverständigen bestimmen könnte, wird dies wohl aus Kosten- und Zeitgründen häufig nicht getan[364]. Vielfach vertrauen die Gerichte auch der besonders sorgfältigen Sachverständigenauswahl durch die Staatsanwaltschaft. Hieraus wird gefolgert, daß der Richter der Sache nach oft nur noch die Funktion übernimmt, den Gutachter zu bestätigen oder allenfalls noch für die Hauptverhandlung zu bestellen. Auf jeden Fall wählt er ihn dann aber nicht mehr selbst aus, wie es an sich seine Aufgabe im Sinne von § 73 StPO ist[365].

Auch die aus § 78 StPO resultierende Leitungsfunktion büßt ihren Sinn ein, wenn bereits die Staatsanwaltschaft im Vorverfahren die Auswahl und Bestellung des Gutachters vornimmt. Es ist dann nämlich die Staatsanwaltschaft, die dem Sachverständigen Anknüpfungstatsachen zugänglich macht und die ihn als Beauftragten leitet. Der Richter übernimmt in einem solchen Fall wiederum nur die Funktion, den Gutachter von Gerichts wegen zu bestätigen[366].

---

359 Walter, D., S. 113
360 vgl. F. III. 4. a.
361 Kleinknecht/Meyer-Goßner, § 161a StPO, Rn. 12 und 1
362 Kaufmann, JZ 1985, 1065, 1072; Schreiber, S. 1012
363 Schreiber, S. 1009
364 Hetzer, S. 160; Schreiber, S. 1013
365 Walter, D., S. 114
366 Walter, D., S. 118

Folge dieser staatsanwaltschaftlichen Befugnis zur Gutachterbestellung im Ermittlungsverfahren ist damit die unzureichende Wahrnehmung der dem Richter nach der Strafprozeßordnung zugewiesenen Leitungsfunktion[367]. Denn für die richterliche Leitung des Sachverständigen bei der Vorbereitung und Erstellung des Gutachtens bleibt kein Raum mehr, wenn dies bereits durch die Staatsanwaltschaft geschieht[368].

Beachtet werden muß, daß mit der Auswahl des Sachverständigen durch die Staatsanwaltschaft die Leitung des Gutachters durch den Richter nicht mehr wahrgenommen werden kann. Denn dort, wo der Richter die Person des Sachverständigen nicht mehr bestimmt, entfällt ganz selbstverständlich auch die richterliche Leitung[369]. Die staatsanwaltschaftliche Gutachterbestellung führt also zu einer zwangsläufigen Unterschreitung der dem Tatrichter obliegenden Auswahl- und Leitungskompetenz.

Die Konsequenz ist, daß eine Zusammenarbeit zwischen Richter und Sachverständigem in dem Sinne, daß der Gutachter eine helfende Funktion[370] gegenüber dem Richter einnimmt, nicht mehr stattfindet. Der im Vorverfahren von der Staatsanwaltschaft beauftragte Sachverständige ist der Kontrolle durch den Richter zu weit entzogen. Dies führt dazu, daß eine kommunikative Beziehung zwischen Richter und Gutachter schwerlich zustande kommt. Dadurch wird die Möglichkeit genommen, den juristisch nicht vorgebildeten Sachverständigen über die rechtlichen Grenzen der Begutachtung aufzuklären[371]. Es kann dem Gutachter vom Richter beispielsweise nicht mehr vorab vermittelt werden, daß die Beurteilung der „normativen" Schuldfähigkeitskomponente – wie dargestellt – als Rechtsfrage in die alleinige Zuständigkeit des Gerichts fällt[372]. Es wird also durch die mögliche staatsanwaltschaftliche Gutachterbeauftragung die Chance genommen, die Tätigkeit des Sachverständigen inhaltlich auf die fehlende, aber doch erforderliche Sachkunde des Tatrichters abzustimmen. Dieses wäre aber notwendig, damit das Gutachten

[367] Verrel, S. 34
[368] Walter, D., S. 119
[369] Krauß, ZStW 1973, 320, 325
[370] vgl. F. III. 3. a.
[371] Krauß, ZStW 1973, 320, 325
[372] vgl. F. III. 2. b.

für den Richter zu einem Instrument seiner eigenverantwortlichen Entscheidung wird[373].

Die Folge ist, daß der richterliche Überzeugungsbildungsprozeß – mangels tatrichterlicher Einflußnahme auf den Sachverständigen bei der Vorbereitung und Erstellung des Gutachten – von dem durch die Staatsanwaltschaft in Auftrag gegebenen Gutachter abhängig wird. Dies birgt wiederum die Gefahr, daß die richterliche Entscheidungskompetenz aufgrund der soeben beschriebenen richterlichen Kompetenzunterschreitung auf den Sachverständigen verlagert wird[374].

Wenn der Richter seiner Auswahl- und Leitungskompetenz gerecht werden will und sicher gehen will, daß seine Hinweise und Anweisungen in Bezug auf die Vorbereitung des Gutachtens Beachtung finden, dann muß er regelmäßig einen anderen als den schon im Ermittlungsverfahren tätig gewesenen Gutachter beauftragen[375].

Der Richter, der dieser Pflicht zur Auswahl und Leitung des Sachverständigen ordnungsgemäß nachkommen will, benötigt auch spezifisches Wissen darüber, was die zur Gutachtenerstattung herangezogene Fachrichtung zu leisten vermag. Hieraus ergibt sich notwendigerweise die Pflicht zur Aneignung wenigstens eines grundlegenden Basiswissens der Fachrichtungen, aus denen er einen Sachverständigen beauftragt[376]. Dieses ist unbedingt notwendig, damit der Richter selbst Klarheit darüber erlangen kann, welche Tatsachen für ihn der näheren Aufklärung bedürfen. Nur so kann er gezielte Fragen an den Sachverständigen richten[377]. Demzufolge muß auch der Richter über psychologisches und psychiatrisches Grundlagenwissen verfügen. Dieses ist wichtig, damit er die Voraussetzungen der „psychologischen" Schuldfähigkeitskomponente im Ansatz verstehen kann[378]. Der Richter muß sich also die nötigen Grundkenntnisse aneignen, um die Terminologie des Sachverständigen verstehen zu können[379]. Im Rahmen der Schuldfähigkeitsfeststellung sind

---

373 Krauß, ZStW 1973, 320, 326

374 Walter, D., S. 135

375 Walter, D., S. 119

376 Walter, D., S. 119

377 Rasch, NStZ 1992, 257, 258; Krauß, ZStW 1973, 320, 322 vgl. F. III. 4. b

378 Kaufmann, JZ 1985, 1065, 1071; Streng, NStZ 1995, 12, 13

379 Reinhardt, S. 291

dies vorrangig Kenntnisse zu den Eingangsmerkmalen der §§ 20 und 21 StGB[380].

Problematisch ist in diesem Zusammenhang, daß der Jurist in seiner Berufspraxis weitgehend unvorbereitet mit Gutachtern konfrontiert wird. Die derzeitige Ausbildung umfaßt vornehmlich die Vermittlung des materiellen Rechts. Rechtssoziologische, psychologische und kriminologische und „verwandte“ Aspekte werden kaum in ausreichendem Maße berücksichtigt oder oft nur von besonders Interessierten wahrgenommen[381]. Die Konsquenz ist, daß viele Richter gegenüber dem Sachverständigen in ein Abhängigkeitsverhältnis geraten. Dieses resultiert aus seinem unzureichenden psychologisch-psychiatrischen Wissen[382].

Ohne eigene grundlegende Sachkunde ist der Richter kaum in der Lage, mögliche Schwächen eines Gutachten aufzudecken, und er kann auch nicht die Basis für eine persönliche Überzeugung gewinnen, die für seine unabhängige Entscheidung aber notwendig ist[383]. Will der Richter einem Gutachter nicht in einem „blinden Glauben“[384] folgen müssen, muß er sich also um Kenntnisse in den Verhaltenswissenschaften bemühen. Dieses ist unabdingbar, weil die Rechtsprechung – wie aufgezeigt – dem Richter eine eigenverantwortliche Entscheidung unter Anknüpfung an eine objektive Grundlage abverlangt, die auch im Urteil zu präzisieren ist[385].

In dieser – aus mangelnder Sachkunde resultierenden unzureichenden Leitungsfähigkeit des Richters – liegt ein entscheidendes Problem des Sachverständigenbeweises. Dieses auch deshalb, weil der Richter auf der Basis eines soliden Grundlagenwissens insbesondere in der Lage sein muß, den herangezogenen Sachverständigen wissenschaftstheoretisch einzuordnen, damit er die Ausführungen des Sachverständigen entsprechend werten kann[386]. Kenntnisse des Richters über die Auswirkungen der verschiedenen psychiatrisch-

380 Walter, D., S. 119f
381 Höcherl, S. 22; Plewig, S. 54
382 Maisch, MschKrim 1973, 189, 194
383 Kaufmann, JZ 1985, 1065; Plewig, S. 53f
384 Maisch, MschKrim 1973, 189, 194
385 Rasch, NStZ 1992, 257, 258; vgl. E. III. 1. und 3.
386 Walter, D., S. 120

psychologischen Grundhaltungen[387] sind notwendig für die dem Richter obliegende Beurteilung der „normativen“ Schuldfähigkeitskomponente[388].

Wie bereits beschrieben, beschränken sich nämlich die Vertreter der agnostischen Schule darauf, dem Richter einen Einblick in das Seelenleben des Angeklagten zu verschaffen und überlassen die Beurteilung der „normativen“ Schuldfähigkeitskomponente – also die Beurteilung der Einsichts- und Steuerungsfähigkeit – dem Tatrichter. Die Gnostiker halten dagegen – wie ebenfalls dargelegt – auch die Frage, ob der Täter im Zeitpunkt der Tat fähig war, das Unrecht der Tat einzusehen oder entsprechend dieser Einsicht zu handeln, für beantwortbar.

Der Richter wird bei einem Sachverständigen gnostischer Schule somit verleitet, seine Kompetenzen zu unterschreiten, indem er die Ausführungen des Gutachters zur „normativen“ Schuldfähigkeitskomponente übernimmt, anstatt diese Rechtsfrage selbst zu beurteilen, wie es an sich seine Aufgabe ist[389]. Festgestellt wird, daß nur eine ausreichende eigene Sachkunde dem Tatrichter diese Problematik bewußt macht und verhindern kann, daß er der Gefahr erliegt, auch die juristischen Wertungen des Sachverständigen zu übernehmen.

Hieraus wird gefolgert, daß der Tatrichter seine Unabhängigkeit vom Sachverständigen und insbesondere von dessen rechtlichen Wertungen nur bewahren kann, wenn er die ihm nach der Strafprozeßordnung obliegende Auswahl- und Leitungskompetenz nicht unterschreitet. Dafür benötigt er jedoch – wie aufgezeigt – eine hinreichende Qualifikation in Bezug auf psychiatrisch/psychologisches Fachwissen.

Festgehalten wird, daß die vielberufene Gefahr der „Abdankung“ der richterlichen Beweiswürdigung vornehmlich auf einer Unterschreitung der dem Tatrichter obliegenden Leitungskompetenz basiert. Wie gezeigt, ist diese unzureichende richterliche Einflußnahme einerseits Folge der möglicherweise wahrgenommenen staatsanwaltschaftlichen Befugnis zur Gutachterbestellung und andererseits auf das stark verbesserungsbedürftige Grundlagenwissen der Tatrichter im psychiatrisch/psychologischen Bereich zurückzuführen.

---

387 vgl. F. III. 2. b.

388 Walter, D., S. 149

389 Walter, D., S. 137

b. Zur gutachterlichen Kompetenzüberschreitung als mögliche Ursache für die Entmachtung des Richters im Überzeugungsbildungsprozeß

Aus der verbesserungsbedürftigen Richterqualifikation resultiert eine Schwäche bei der Sachverständigenleitung, die – wie soeben dargelegt – dazu führen kann, daß der Tatrichter im Prozeß der Überzeugungsbildung in die Abhängigkeit des Gutachters gerät.

Grundsätzlich sind aber – wie eingangs ausgeführt – juristische Erwägungen des Sachverständigen für den Richter bedeutungslos. Es ist allein Sache des Tatrichters, die Anwendbarkeit der §§ 20 und 21 StGB, also die „normative" Schuldfähigkeitskomponente, festzustellen[390]. Die Forderung an den Gutachter, dem Gericht zu erklären, wie es zur Tatzeit im Kopf des Täters aussah, birgt aber in hohem Maße die Möglichkeit und die Gefahr, daß der Sachverständige auf das Gebiet juristischer Wertungen übertritt[391]. In der Praxis kann dieses bedeuten, daß auch die juristischen Wertungen des Sachverständigen, die häufig von den Fachfragen schwer zu trennen sind[392], in den Argumentationsraum des Tatrichters gelangen. Die Folge ist, daß das Urteil aufgrund fehlerhafter Überzeugungsbildung in Form mangelnder eigener tatrichterlicher Beweiswürdigung falsch wird[393].

Insofern scheint die Stellungnahme eines Sachverständigen zur Frage der Anwendbarkeit der §§ 20 und 21 StGB auch ein typischer Fall von gutachterlicher Kompetenzüberschreitung zu sein[394].

Die Kompetenzen des Sachverständigen ergeben sich – wie beschrieben – aus dem ihm erteilten Auftrag[395]. Für die Voraussetzungen der §§ 20 und 21 StGB bedeutet dies, daß es Aufgabe des Gutachters ist, zu den in § 20 StGB normierten Eingangsmerkmalen Stellung zu nehmen. Der Gutachter hat jedoch nicht eine rechtliche Wertung dahingehend abzugeben, ob der Täter im Tatzeitpunkt fähig war, das Unrecht der Tat einzusehen oder entsprechend dieser Einsicht zu handeln. Die Entscheidungsbefugnis für letzteres liegt

390 vgl. F. III. 2. b.
391 Rasch, NStZ 1992, 257, 258
392 Schewe, S. 691
393 Walter, D., S. 145; Schewe, S. 693
394 Schewe, S. 688; Plewig, S. 24
395 vgl. F. III. 4. b.

beim Tatrichter[396]. Rechtliche Äußerungen des Sachverständigen sind somit irrelevant, sie sind lediglich unverbindliche Meinungsäußerungen des Gutachters[397].

Der Gutachter hat also keine Kompetenz, sich zu Rechtsfragen zu äußern. Deshalb kann er durch seine Stellungnahme zu Rechtsfragen auch nicht die Grenze zur richterlichen Kompetenz überschreiten[398].

Wenn der Richter aber die rechtlichen Wertungen des Gutachters übernimmt und dadurch an eigener Kompetenz einbüßt, so ist dies nicht dem Sachverständigen anzulasten, sondern dem Richter selbst[399]. Die Übernahme gutachterlicher Rechtsansichten als Grundlage des richterlichen Urteils ist ein Problem dessen, wie der Richter seine eigenen Kompetenzen wahrnimmt. Solange der Richter seine Pflichten bei der Feststellung der Schuldfähigkeit ernst nimmt, also selbstverantwortlich die Schuldfähigkeit beurteilt, stellt eine sogenannte „Kompetenzüberschreitung" des Gutachters, die wie soeben gesagt, an sich belanglos ist, kein prozessuales Risiko dar[400]. Die vielberufene Kompetenzüberschreitung des Gutachters ist also tatsächlich wiederum eine Kompetenzunterschreitung des Richters, der sich den rechtlichen Stellungnahmen des Sachverständigen anschließt, anstatt selbstverantwortlich zu einer Überzeugung zu gelangen[401]. Einmischungen unzulässiger Art durch den Gutachter sind nur unter dem Aspekt denkbar, daß der Tatrichter es versäumt, die rechtlichen Wertungen des Sachverständigen unter Hinweis auf seine eigene Zuständigkeit zurückzuweisen[402]. Die Problematik des Sachverständigenbeweises erweist sich damit als ein Problem der Strafrichter und nicht der Gutachter[403].

[396] vgl. F. III. 2. b.
[397] Hetzer, S. 229
[398] Schewe, S. 690f
[399] Walter, D., S. 145
[400] Schewe, S. 693; Walter, D., S. 146
[401] Plewig, S. 30; Walter, D., S. 149
[402] Plewig, S. 31
[403] LR-Dahs, vor § 72 StPO, Rn. 19

6. Lösungsvorschläge für eine neue Kompetenzverteilung zwischen Richter und Sachverständigem bei der Beweiswürdigung

Wie oben dargestellt, ist in der forensischen Praxis festzustellen, daß sich die Entscheidungstätigkeit durch eine richterliche Kompetenzunterschreitung auf den Sachverständigen verlagert. Daran anschließend wird nachfolgend erörtert, welche Möglichkeiten es gibt, dem soeben gekennzeichnete problematischen Verhältnis bzw. dem aufgezeigten Rollenkonflikt zwischen Richter und Sachverständigem abzuhelfen.

a. Der Sachverständige auf der Richterbank

Zum einen wird vorgeschlagen, den Sachverständigen auf die Richterbank zu holen[404], um auf diese Weise das Sachverständigenelement in das Gericht selbst einzubeziehen. Es wird als ausreichend angesehen, wenn nur ein Mitglied des jeweiligen Spruchkörpers über Spezialkenntnisse verfügt. Hierdurch soll das Gericht selbst sachkundig werden und selbständig die Klärung von Fachfragen vornehmen können, ohne von außerjustiziellen Gutachtern abhängig zu sein. Bedenken dagegen ergeben sich zunächst aus Art. 92 GG, der – wie erwähnt – die rechtsprechende Gewalt den Richtern anvertraut[405]. Diese Bedenken können entkräftet werden, indem unter der rechtsprechenden Gewalt nicht notwendig ausschließlich rechtsgelehrte Richter verstanden werden[406]. Gegen die Einrichtung eines „Sachverständigengerichts" spricht jedoch die unübersehbare Vielfalt an zu beantwortenden Sachverständigenfragen[407]. Erforderlich sind entweder „Spezialrichter" für alle möglichen Gebiete oder ein „Spezialist für vieles". Letzterer muß zwangsläufig auf den meisten Gebieten auch wieder nur Nichtfachmann sein, dieses würde mehr schaden als nutzen. Außerdem ist unklar, wer zum psychiatrischen „Schuldfähigkeitsrichter" berufen werden sollte. Angesichts der aufgezeigten fachwissenschaftlichen Richtungsstreite besteht die Gefahr, daß die feste Einbindung eines Sachverständigen in das gerichtliche Verfahren eine der vertrete-

---

404 Schmidt, E., JZ 1961, 585, 586
405 vgl. F. III. 3.
406 Schreiber, S. 1015
407 Schmidt, E., JZ 1961, 585, 587

nen Auffassungen monopolisiert[408]. An dieser Stelle sei nochmals auf die Ausführungen zum „Gnostikerstreit" und den Konflikt um den sogenannten Determinismus bzw. Indeterminismus verwiesen[409].

b. Die ausschließliche Zuständigkeit des Sachverständigen

Vorgeschlagen wird auch, daß der Richter beispielsweise in der Frage der Schuldfähigkeitsbeurteilung keine selbstverantwortliche Entscheidung mehr treffen soll. Er soll sich den Ergebnissen eines staatlich bestellten Gutachters anschließen. Zwar ist der BGH, wie bereits dargestellt, der Ansicht, daß der Richter sich selbständig eine Auffassung darüber zu bilden hat, welche Bedeutung die geistige oder körperliche Verfassung des Täters für die rechtliche Beurteilung der Tat hat[410]. Der BGH erlaubt dem Richter andererseits aber, sich dem Sachverständigen anzuschließen, sofern dessen Ausführungen im Urteil wiedergeben werden und erkennen lassen, daß der Gutachter von den richtigen rechtlichen Voraussetzungen ausgegangen ist[411]. Die alleinige Zuständigkeit des Richters wird also selbst vom BGH schon bei besonders schweren Begutachtungsmaterien relativiert[412]. Wird diese Relativierung konsequent zu Ende gedacht, so läßt sich beispielsweise die Entscheidung über die Schuldfähigkeit ganz in die Hände des Sachverständigen legen. Dieses hätte aber zur Folge, daß ein weiter Bereich der richterlichen Kontrolle vollständig entzogen würde[413].

c. Die verbindliche Entscheidung durch ein Sachverständigengremium

Die Möglichkeit wird erwogen, daß das Gericht zwar die für Entscheidungen wesentlichen Fragen herausarbeitet, diese Fragen aber von einem Sachverständigengremium verbindlich entschieden werden. Der Vorteil wäre, daß eine Fachfrage von einem Fachmann entschieden würde und nicht von einem

---

408 Schreiber, S. 1015; Schmidt, E., JZ 1961, 585, 586f
409 vgl. F. III. 2. b.
410 vgl. F. III. 2. b.
411 BGHSt 7, 238, 240
412 Verrel, S. 33f
413 Schreiber, S. 1016

Richter, dem Nichtfachmann. Dagegen ist einzuwenden, daß auf diese Weise die Entscheidung einer Rechtssache wenigstens zum Teil an eine nichtrichterliche Instanz abgegeben wird. Auch hier stellt sich wieder die Frage, mit wem das Sachverständigengremium besetzt werden soll[414].

d. Das Verbot einer gutachterlichen Stellungnahme zu Rechtsfragen

Anzudenken ist ferner, ob es in Anbetracht der geschilderten Problemlage sachgerecht ist, dem Gutachter von vornherein zu verbieten, zu Rechtsfragen Stellung zu nehmen. Dies ist deshalb abzulehnen, weil eine vermehrte Kooperation zwischen Richter und Sachverständigem eine fundiertere richterliche Entscheidung ermöglicht[415]. Die Äußerungen eines Sachverständigen zur Einsichtsfähigkeit des Täters – also zu einer Rechtsfrage – verbreitern nämlich die forensische Gesprächsbasis und verringern die Gefahr, daß dort, wo noch weitere sachverständige Aufklärung nötig ist, die normative Wertung durch den Richter zu früh erfolgt[416]. Deshalb können Stellungnahmen eines Gutachters zu Rechtsfragen der richterlichen Wahrheitsfindung allenfalls nützen. Dieses, solange der Richter seine Kompetenz, nämlich eigenverantwortlich die Einsichts- und Steuerungsfähigkeit des Täters festzustellen, nicht unterschreitet[417]. Deutlich wird wiederum, daß eine sogenannte Kompetenzüberschreitung des Sachverständigen – im Sinne einer Entscheidungsanmaßung – insbesondere durch eine Kompetenzunterschreitung des Richters möglich wird[418].

e. Folgerungen für das Verhältnis der „freier Beweiswürdigung“ zum Sachverständigenbeweis

Die vorangegangenen Ausführungen machen deutlich, daß sich das problematische Verhältnis zwischen Richter und Sachverständigem nicht einfach

---

414 Schreiber, S. 1016f
415 Plewig, S. 8
416 Blau, Jura 1982, 393, 403; Hetzer, S. 81
417 Schewe, S. 693
418 Walter, D., S. 148f ; Schewe, S. 692f;

lösen läßt. Richter und Sachverständiger sind nach derzeitigem Recht zur Zusammenarbeit verpflichtet[419]. Sichtbar wird, daß der Richter sich ein Grundwissen in den Bereichen Psychiatrie und Psychologie aneignen muß, um seine Kompetenz zur Auswahl und Leitung des Gutachters wahrnehmen zu können. Nur dann kann er selbständig eine rechtliche Entscheidung treffen und gerät nicht in die Abhängigkeit des Gutachters. Ohne eine gewisse Spezialisierung in der Justiz geht es also nicht. Das Bild vom überall einsetzbaren Richter ist nicht aufrecht zu erhalten, vielmehr bedarf es einer besonderen Aus- und Weiterbildung zum Strafrichter[420].

IV. Zwischenergebnis

Die vorangegangenen Überlegungen haben gezeigt, daß die vielberufene „Abdankung“ der richterlichen Beweiswürdigung durch eine gutachterliche Kompetenzüberschreitung mit der Rechtswirklichkeit wenig zu tun hat. Dieses, solange unter optimaler Ausnutzung der zur Verfügung stehenden fachwissenschaftlichen Erkenntnisse auch die dem Richter übertragenen verfahrensrechtlichen Kompetenzen in ausreichendem Maße von diesem wahrgenommen werden. Daraus muß geschlossen werden, daß mit Blick auf die Schuldfähigkeitsbeurteilung eine richterliche Weiterqualifizierung zumindest in den Bereichen Psychiatrie und Psychologie unausweichlich ist.

Die mit der eingangs aufgeworfenen Problemlage implizit gestellte Frage, ob tatsächlich ein Risiko der schrittweisen Entmachtung des Strafrichters gegeben ist[421], läßt sich nun beantworten. Erst eine Krise richterlicher Überzeugungsbildung führt zur Krise des Sachverständigenbeweises, erst dadurch wird dieses Risiko zur Realität. Die vielberufene Krise des Sachverständigenbeweises und damit die Gefahr einer „Abdankung“ des Richters aus seiner Pflicht zur „freien Beweiswürdigung“ liegt somit vornehmlich im Verantwortungsbereich der Juristen.

---

[419] Schreiber, S. 1017

[420] Kaufmann, JZ 1985, 1065, 1071; Schreiber, S. 1019

[421] vgl. F. III. 1.

G. SCHLUSSBETRACHTUNG: ZUSAMMENFASSUNG UND ERGEBNISSE

Mit dieser Ausarbeitung wurde ein Weg beschritten, der ausgehend von einer rechtshistorischen Annäherung an die Prinzipien der „materiellen Wahrheit" und der „freien Beweiswürdigung" über eine weitergehende Explikation der beiden Grundsätze zu zentralen Gegenwartsproblemen geführt hat, die mit den beiden Rechtsinstituten und ihrer Beziehung zum Sachverständigenbeweis verbunden sind.

Zum einen wurde ein Zurückbleiben hinter dem Ideal der Aufklärung der „ganzen" Wahrheit am Beispiel der Feststellung subjektiver Deliktsmerkmale problematisiert. Zum anderen wurde – ebenfalls am Beispiel der Feststellung des subjektiven Tatbestandes – die Notwendigkeit der Fortentwicklung des Prinzips der „freien Beweiswürdigung" hin zu einer stärkeren Sachgebundenheit des richterlichen Überzeugungsbildungsprozesses nachvollzogen.

Darüber hinaus wurden beide Prinzipien in Beziehung zueinander gesetzt. Dabei wurde problematisiert, ob aus der Sachverständigenbeiziehung zur Aufklärung der „materiellen Wahrheit" zwangsläufig die „Abdankung" des Richters aus seiner Pflicht zur „freien Beweiswürdigung" resultiert. Diese Problematik wurde am Beispiel der Feststellung der Voraussetzungen der §§ 20 und 21 StGB diskutiert.

Die Untersuchung hat im Ergebnis aufgezeigt, daß die psychiatrisch-psychologische Dimension, die sich hinter den Merkmalen der §§ 20 und 21 StGB verbirgt, im Strafprozeß in umfassender Weise durch eine Sachverständigenbeziehung erhellt wird. Damit wird im Bereich der Schuldfähigkeitsfeststellung der Pflicht zur Aufklärung der „materiellen Wahrheit" – im Sinne einer größtmöglichen Annäherung an die Wirklichkeit – Genüge getan.

Anders verhält es sich bei der Feststellung subjektiver Deliktsmerkmale. Obwohl sich diese auf die inneren Beweggründe des Täters beziehen, findet in der Regel keine sachverständige Begutachtung statt. Begründet wird dies vorwiegend mit der dogmatischen Konstruktion des materiellen Strafrechts. Den subjektiven Deliktsmerkmalen wird eine überwiegend kategorisierende Funktion zugesprochen. Ihre Aufgabe wird darin gesehen, eine Tathandlung einer normativen Wertung zugänglich zu machen, nicht aber in der Aufhellung der individuellen Motivationsstruktur des Täters. In Auseinandersetzung mit den Argumenten, die diese Auffassung stützen, wurde nachvollzogen, daß die vornehmlich kategorisierende Funktion subjektiver Deliktsmerkmale nicht auf zwingenden Gründen ruht. Ebenso wurde aufgezeigt, daß für die Strafrechtsanwendung bei weitgehender Ausblendung der psychologischen Dimension der subjektiven Deliktsmerkmale die Gefahr besteht, Urteile nicht notwendig auf die Ralität – also die „materielle Wahrheit“ – zu stützen.

In dieser Ausarbeitung wurde desweiteren deutlich, daß Strafrecht – aufgrund der Pflicht zur Aufklärung der „materiellen Wahrheit“ – nur bei einer Übereinstimmung der prozessualen Tatsachenfeststellungen mit der Wirklichkeit die Rechtsfolge Strafe vorsieht. Aus normativen und faktischen Gründen müssen aber Abstriche vom Ideal des Erfassens der „ganzen“ Wahrheit gemacht werden. Es konnte aufgezeigt werden, daß insbesondere das Vorliegen eines subjektiven Deliktsmerkmales – als ein besonders schwer feststellbarer fremdpsychischer Vorgang – stets unter dem Vorbehalt steht, daß eine denkbare Alternativerklärung gerade nicht gegeben ist.

Im Fortgang der Untersuchung wurde deutlich, daß ein Zentralproblem der Strafrechtsanwendung darin besteht, zu präzisieren, unter welchen Voraussetzungen das mögliche Zurückbleiben hinter dem Ideal zur Erforschung der „ganzen“ Wahrheit noch hinnehmbar ist. Dieses Legitimationsproblem ist normativ zu lösen. Anzudenken ist eine Bestimmung mit dem Inhalt, daß eine prozessual ermittelte Tatsache dann als gegeben anzunehmen ist, wenn dies der tatrichterlichen Überzeugung entspricht und dieser Seelenzustand der Überzeugtheit an objektiv feststellbaren Befunden festzumachen ist.

Faktisch arbeitet die Rechtsprechung mit einer solchen Entscheidungsnorm, wenn sie die Sachgebundenheit der richterlichen Überzeugungsbildung verlangt. Danach bedarf das subjektive Gewißheitserlebnis des Tatrichters stets der Anknüpfung an eine objektiv-rationale Tatsachengrundlage, die die persönliche Gewißheit darüber, die Wahrheit erkannt zu haben, ein Stück weit verobjektiviert, indem die subjektive tatrichterliche Überzeugung nachvollziehbar und einsichtig wird.

Eine weitere Objektivierung wird schließlich dadurch bewirkt, daß die objektiv-rationale Tatsachengrundlage dem Beweismaß der „hohen Wahrscheinlichkeit“ genügen muß. Danach muß der festgestellte Sachverhalt mit hoher Wahrscheinlichkeit darauf schließen lassen, daß er mit der Wirklichkeit übereinstimmt.

Insofern ist die Würdigung der Beweise auch nicht „frei", sondern entspricht eher dem Grundsatz einer „objektiv-subjektiven" Beweiswürdigung, weil stets die Anknüpfung an eine objektiv-rationale Grundlage erforderlich ist. Diese entsteht unter Anwendung allgemeiner Regeln der Erkenntnisgewinnung. Die „Beweiswürdigungsregeln" in Form von Denkgesetzen und Erfahrungssätzen sind für den Richter damit einzuhaltende Bindungen, genauso wie die erhöhten Anforderungen, die an die Urteilsbegündungspflicht gestellt werden. Eine weitere Bindung erfährt das Rechtsinstitut der „freien Beweiswürdigung" durch den Amtsaufklärungsgrundsatz, der – abgeleitet aus § 244 II StPO – gewährleistet, daß sich die tatrichterliche Überzeugungsbildung auf einer umfassend ermittelten Bewertungsgrundlage vollzieht.

Diese Ausarbeitung konnte desweiteren aufzeigen, daß einerseits die Aufklärung der „materiellen Wahrheit" eine Sachverständigenbeiziehung notwendig macht, dies andererseits aber die Gefahr einer Verdrängung des Tatrichters aus dem Beweiswürdigungsprozeß begründet. Bei der Feststellung der Voraussetzungen der §§ 20 und 21 StGB ist vornehmlich zu beobachten, daß der Tatrichter juristische Wertungen des Gutachters in Bezug auf die „normative" Ebene der Schuldfähigkeitsfeststellung übernimmt, obwohl nach höchstrichterlicher Rechtsprechung der Richter die alleinige Entscheidungsbefugnis inne hat und der Sachverständige nur als Helfer des Richters fungiert. Diese Problematik, die nicht selten als Krise des Sachverständigenbeweises bezeichnet wird, ist unter dem Aspekt der prozessualen Rollenverteilung zwischen Richter und psychiatrischem Sachverständigen diskutiert worden. Dabei hat sich herausgestellt, daß es sich bei der Krise des Sachverständigenbeweises tatsächlich um eine Krise der richterlichen Überzeugungsbildung handelt. Anders formuliert wird die Gefahr der „Abdankung" der richterlichen Beweiswürdigung nicht durch eine gutachterliche Kompetenzüberschreitung Realität, sondern durch eine richterliche Unterschreitung der dem Tatrichter nach der StPO obliegendenden Kompetenzen.

Die Ursache für das Spannungsverhältnis zwischen Richter und Sachverständigem ist also in der unzureichenden Wahrnehmung der den Gerichten gemäß der §§ 73 und 78 StPO zugewiesenen Auswahl- und Leitungsfunktion zu sehen. Die in psychiatrisch/psychologischen Bereichen verbesserungsbedürftige Ausbildung der Richter läßt diese von Sachverständigen abhängig werden, weil sie den Gutachter bei der Vorbereitung des Gutachtens nicht leiten können und nicht zu der von der Rechtsprechung geforderten selbständigen Würdigung des Gutachtens in Lage sind. Außerdem ist der mangelnde richterliche Einfluß Folge der ggf. wahrgenommenen staatsanwaltschaftlichen Befugnis zur Gutachterbestellung im Vorverfahren, an die das Gericht aus prozeßökonomischen Gründen unter Umständen faktisch gebunden ist.

Eine Lösung des problematischen Verhältnissen zwischen Richter und Sachverständigem kann jedoch nicht – das hat diese Untersuchung aufgezeigt – in der Übertragung der Entscheidungsbefugnisse auf den Sachverständigen gesehen werden, sondern ist unter Beibehaltung der richterlichen Letztentscheidungszuständigkeit in der Verbesserung der praktischen Zusammenarbeit zwischen Richter und Sachverständigem zu sehen. Hierbei ist der Weiterqualifizierung der Juristen bis hin zu einer Spezialisierung eine besondere Bedeutung beizumessen.

Insgesamt haben, das sollte auch in dieser Zusammenfassung deutlich geworden sein, die Ausgangsannahmen, die eingangs mit der Aufgaben- und Problemstellung entfaltet worden sind und die dieser Untersuchung zugrunde gelegen haben, eine Bestätigung erfahren.

LITERATURVERZEICHNIS

Adomeit, Klaus:	Zur Einführung: Rechtswissenschaft und Wahrheitsbegriff, in: JuS 1973, S. 628 ff. (zit.: Adomeit, JuS 1973)
Albrecht, Peter-Alexis:	Überzeugungsbildung und Sachverständigenbeweis in der neueren Judikatur zur freien Beweiswürdigung (§ 261 StPO), in: NStZ 1983, S. 486 (zit.: Albrecht, NStZ 1983)
Alternativkommentar:	Kommentar zur Strafprozeßordnung Reihe Alternativkommentare Band 2 Teilband 2 §§ 213 - 275 1. Aufl., Neuwied, Berlin 1993 (zit.: AK-Bearbeiter)
Bachmann, Ingeborg:	Sämtliche Erzählungen, 2. Aufl., München 1985 (zit.: Bachmann)
Blau, Günter:	Prolegomena zur strafrechtlichen Schuldfähigkeit, in: Jura 1982, S. 393 ff. (zit.: Blau, Jura 1982)
Bockelmann, Paul:	Bemerkungen über das Verhältnis des Strafrechts zur Moral und zur Psychologie, in: Jäger, Heribert (Hrsg.): Kriminologie im Strafprozeß Zur Bedeutung psychologischer, soziologischer und kriminologischer Erkenntnisse für die Strafrechtspraxis, 1. Aufl., Frankfurt a.M. 1980 (zit.: Bockelmann)
Döhring, Erich:	Die Erforschung des Sachverhalts im Prozeß Beweiserhebung und Beweiswürdigung, 1. Aufl., Berlin 1964 (zit.: Döhring)
Dreher, Eduard:	Der psychologische Determinismus Manfred Danners, in: ZStW 1983, S. 340 ff. (zit.: Dreher, ZStW 1983)

Engelhardt, Karin: Schuldfähigkeitsbegutachtung und Strafurteil,
1. Aufl., Aachen 1995
(zit.: Engelhardt)

Engisch, Karl: Die Idee der Konkretisierung in Recht und Rechtswissenschaft in unserer Zeit,
2. Aufl., Heidelberg 1968
(zit.: Engisch, Die Idee der Konkretisierung)

Engisch, Karl: Logische Studien zur Gesetzesanwendung,
3. Aufl., Heidelberg 1963
(zit.: Engisch, Logische Studien)

Fezer, Gerhard: Tatrichterlicher Erkenntnisprozeß - „Freiheit" der Beweiswürdigung -,
in: StV 1995, S. 95 ff.
(zit.: Fezer, StV 1995)

Freund, Georg: Normative Probleme der „Tatsachenfeststellung" Eine Untersuchung zum tolerierten Risiko einer Fehlverurteilung im Bereich subjektiver Deliktsmerkmale,
1. Aufl., Heidelberg 1987
(zit.: Freund)

Greger, Reinhard: Beweis und Wahrscheinlichkeit - Das Beweiskriterium im allgemeinen und bei sogenannten Beweiserleichterungen -
1. Aufl., München 1978
(zit.: Greger)

Greuel, Luise: Schuldfähigkeitsbegutachtung,
in: Steller, Max; Volbert, Renate (Hrsg): Psychologie im Strafverfahren,
1. Aufl., Göttingen 1997
(zit.: Greuel)

Haffke, Bernhard: Strafrechtsdogmatik und Tiefenpsychologie,
in: Jäger, Heribert (Hrsg.): Kriminologie im Strafprozeß Zur Bedeutung psychologischer, soziologischer und kriminologischer Erkenntnisse für die Strafrechtspraxis,
1. Aufl., Frankfurt a.M. 1980
(zit.: Haffke)

Herdegen, Gerhard: Bemerkungen zur Beweiswürdigung,
in: NStZ 1987, S. 193 ff.
(zit.: Herdegen, NStZ 1987)

Herdegen, Gerhard: Die Überprüfung der tatsächlichen Feststellungen durch das Revisionsgericht auf Grund der Sachrüge,
in: StV 1992, S. 527 ff.
(zit.: Herdegen, StV 1992)

Heidelberger Kommentar: Kommentar zur Strafprozeßordnung
1. Aufl., Heidelberg 1997
(zit.: HK-Bearbeiter)

Hetzer, Wolfgang: Wahrheitsfindung im Strafprozeß unter Mitwirkung psychiatrisch / psychologischer Sachverständiger,
1. Aufl., Berlin 1982
(zit.: Hetzer)

Hilgendorf, Eric: Der Wahrheitsbegriff im Strafrecht am Beispiel der strafrechtlichen Aussagetheorien (153 ff. StGB),
in: GA 1993, S. 547
(zit.: Hilgendorf, GA 1993)

Höcherl, Hermann: Die richterliche Überzeugung,
in: Wasserburg, Klaus; Haddenhorst, Wilhelm (Hrsg.):
Wahrheit und Gerechtigkeit im Strafverfahren Festgabe für Karl Peters aus Anlaß seines 80. Geburtstags
1. Aufl., Heidelberg 1984
(zit.: Höcherl)

Hoffmann-Riem, Wolfgang: Wahrheit, Gerechtigkeit, Unabhängigkeit und Effizienz - das Magische Viereck der Dritten Gewalt?,
in: JZ 1997, S. 1 ff.
(zit.: Hoffmann-Riem, JZ 1997)

Jäger, Herbert: Subjektive Verbrechensmerkmale als Gegenstand psychologischer Wahrheisfindung,
in: Jäger, Heribert (Hrsg.):
Kriminologie im Strafprozeß. Zur Bedeutung psychologischer, soziologischer und kriminologischer Erkenntnisse für die Strafrechtspraxis,
1. Aufl., Frankfurt a.M. 1980
(zit.: Jäger)

Jäger, Heribert: Veränderungen des Strafrechts durch Kriminologie?
Ansätze zur Konkretisierung interdisziplinärer Kooperation,
in: KrimJ 1976, S. 98 ff.
(zit.: Jäger, KrimJ 1976)

Janssen, Werner: Kritische Betrachtungen zur gegenwärtigen Gutachter-Situation,
in: Kriminalistik 1970, S. 434 ff.
(zit.: Janssen, Kriminalistik 1970)

Jerouschek, Günter: Wie frei ist die Beweiswürdigung? Überlegungen zur Genese, Funktion und zu Perspektiven eines strafprozessualen Rechtsinstituts,
in: GA 1992, S. 493 ff.
(zit.: Jrouschek, GA 1992)

Jessnitzer, Kurt; Frieling, Günter: Der gerichtliche Sachverständige
Ein Handbuch für die Praxis,
10. Aufl., Köln, Berlin 1992
(zit.: Jessnitzer / Frieling)

Karlruher Kommentar: Kommentar zur Strafprozeßordnung und zum Gerichtsverfassungsgesetz mit Einführungsgesetz
3. Aufl., München 1993
(zit.: KK-Bearbeiter)

Karpinski, Kurt: Der Sachverständige im Strafprozeß,
in: NJW 1968, S. 1173
(zit.: Karpinski)

Kaufmann, Arthur: Das Problem der Abhängigkeit des Strafrichters vom medizinischen Sachverständigen,
in: JZ 1985, S. 1065 ff.
(zit.: Kaufmann, JZ 1985)

Kaufmann, Arthur: Die Strafrechtlichen Aussagetheorien auf dem Prüfstand der philosophischen Wahrheitstheorien,
in: Arzt, Gunther; Fezer, Gerhard u.a.:
Festschrift für Jürgen Baumann zum 70. Geburtstag,
1. Aufl., Bielefeld 1992
(zit.: Kaufmann, FS für J. Baumann)

Kaufmann, Arthur: Unzeitgemäße Betrachtungen zum Schuldgrundsatz im Strafrecht,
in: Jura 1986, S. 225 ff.
(zit.: Kaufmann, Jura 1986)

Kleinknecht, Theodor; Meyer, Karlheinz; Myer-Goßner, Lutz:	Kurzkommentar zur Strafprozeßordnung, Gerichtsverfassungsgesetz, Nebengesetze und ergänzende Bestimmungen, 43. Aufl., München 1997 (zit.: Kleinknecht/Meyer-Goßner)
Krauß, Detlef:	Das Prinzip der materiellen Wahrheit im Strafprozeß, in: Jäger, Heribert (Hrsg.): Kriminologie im Strafprozeß Zur Bedeutung psychologischer, soziologischer und kriminologischer Erkenntnisse für die Strafrechtspraxis, 1. Aufl., Frankfurt a.M. 1980 (zit.: Krauß, materielle Wahrheit)
Krauß, Detlef:	Der psychologische Gehalt subjektiver Elemente, in: Jäger, Heribert (Hrsg.): Kriminologie im Strafprozeß Zur Bedeutung psychologischer, soziologischer und kriminologischer Erkenntnisse für die Strafrechtspraxis, 1. Aufl., Frankfurt a.M. 1980 (zit.: Krauß, subjektive Elemente)
Krauß, Detlef:	Richter und Sachverständiger im Strafverfahren, in: ZStW 1973, S. 320 ff. (zit.: Krauß, ZStW 1973)
Küper, Wilfried:	Historische Bemerkungen zur „freien Beweiswürdigung“ im Strafprozeß, in: Wasserburg, Klaus; Haddenhorst, Wilhelm (Hrsg.): Wahrheit und Gerechtigkeit im Strafverfahren Festgabe für Karl Peters aus Anlaß seines 80. Geburtstags 1. Aufl., Heidelberg 1984 (zit.: Küper)
Leipziger Kommentar:	Großkommentar zum Strafgesetzbuch 10. Lieferung: §§ 19 - 21 11. Aufl., Berlin 1993 (zit.: LK-Bearbeiter)

Löwe, Ewald; Rosenberg, Werner:	Die Strafprozeßordnung und das Gerichtsverfassungsgesetz, Großkommentar, Erster Band: Einleitung §§ 1 bis 111n 24. Aufl., Berlin 1988 (zit.: LR-Bearbeiter)
Löwe, Ewald; Rosenberg, Werner:	Die Strafprozeßordnung und das Gerichtsverfassungsgesetz, Großkommentar, Dritter Band: §§ 198 bis 295 24. Aufl., Berlin 1987 (zit. LR-Bearbeiter)
Loos, Fritz:	Grenzen der Umsetzung der Strafrechtsdogmatik in der Praxis, in: Immenga, Ulrich (Hrsg.): Rechtswissenschaft und Rechtsentwicklung, 1. Aufl., Göttingen 1980 (zit.: Loos)
Maisch, Herbert:	Methodische Aspekte psychologisch-psychiatrischer Täterbegutachtung - Zur Rolle des Sachverständigen im Strafprozeß, in: MschKrim 1973, S. 189 ff. (zit.: Maisch, MschKrim 1973)
Maul, Heinrich:	Die gerichtliche Aufklärungspflicht in der Sicht der Rechtsprechung des Bundesgerichtshofs, in: Wasserburg, Klaus; Haddenhorst, Wilhelm (Hrsg.): Wahrheit und Gerechtigkeit im Strafverfahren Festgabe für Karl Peters aus Anlaß seines 80. Geburtstags 1. Aufl., Heidelberg 1984 (zit.: Maul)
Meurer, Dieter:	Beweiswürdigung, Überzeugung und Wahrscheinlichkeit, in: Jeschek, Hans-Heinrich; Vogler, Theo (Hrsg.): Festschrift für Herbert Tröndle zum 70. Geburtstag, 1. Aufl., Berlin 1989 (zit.: Meurer)

Müller-Dietz, Heinz: Der Richter und die Wahrheit
Eine Reminiszenz an Ingeborg Bachmanns Erzählung „Ein Wildermuth“,
in: NJW 1994, S. 1921 ff.
(zit.: Müller-Dietz, NJW 1994)

Nijboer, Johannes Frederikus: Das Streben nach materieller Wahrheit im Strafprozeß,
in: Nijboer, Johannes Frederikus:
Beweisprobleme und Strafrechtssysteme - Proof and Criminal Justice Systems,
2. Aufl., Frankfurt a.M. 1997
(zit.: Nijboer)

Peters, Karl: Strafprozeßrecht,
4. Aufl., Heidelberg 1985
(zit.: Peters)

Peters, Karl: „Übergänge“ im Strafprozeß dargestellt am Grundsatz der freien Beweiswürdigung,
in: Buschmann, Arno; Knemeyer, Franz-Ludwig u.a.:
Festschrift für Rudolf Gmür zum 70. Geburtstag,
1. Aufl., Bielefeld 1983
(zit.: Peters, FS für R. Gmür)

Plewig, Hans-Joachim: Funktion und Rolle des Sachverständigen aus der Sicht des Strafrichters
Eine empirische Untersuchung zum psychiatrisch-psychologischen Gutachten
1. Aufl., Heidelberg, Hamburg 1983
(zit.: Plewig)

Rasch, Wilfried: Die Zuordnung der psychiatrisch-psychologischen Diagnosen zu den vier psychischen Merkmalen der §§ 20, 21 StGB,
in: StV 1984, S. 264 ff.
(zit.: Rasch, StV 1984)

Rasch, Wilfried: Die Auswahl des richtigen Psycho-Sachverständigen im Strafverfahren,
in: NStZ 1992, S. 257 ff.
(zit.: Rasch, NStZ 1992)

Rauch, H.-J.: Nochmals: Gutachterliche Kompetenz bei der Klärung der Schuldfähigkeit oder: Der Streit zwischen Psychiatrie und Psychologie,
in: NStZ 1984, S. 497 ff.
(zit.: Rauch, NStZ 1984)

Reinhardt, K.: Die Zuordnung der psychiatrischen Diagnosen zu den Tatbeständen der §§ 20, 21 StGB,
in: Beck-Mannagetta, Harald (Hrsg.): Psychiatrische Begutachtung im Strafverfahren unter besonderer Berücksichtigung der Psychodynamik,
1. Aufl., Frankfurt a.M. 1989
(zit.: Reinhardt)

Sarstedt, Werner: Auswahl und Leitung des Sachverständigen im Strafprozeß (§§ 73, 78 StPO),
in: NJW 1968, S. 177 ff.
(zit.: Sarstedt)

Sarstedt, Werner; Hamm, Rainer: Die Revision in Strafsachen
6. Aufl., Berlin 1998
(zit.: Sarstedt / Hamm)

Schäfer, Gerhard: Freie Beweiswürdigung und revisionsrechtliche Kontrolle,
in: StV 1995, S. 147 ff.
(zit.: Schäfer, StV 1995)

Schewe, Günter: „Subjektiver Tatbestand“ und Beurteilung der Zurechnungsfähigkeit,
in: Warda, Günter; Waider, Heribert u.a.: Festschrift für Richard Lange zum 70. Geburtstag,
1. Aufl., Berlin 1976
(zit.: Schewe)

Schmidt, Andrea: Grundsätze der freien richterlichen Beweiswürdigung im Strafprozeß,
1. Aufl., Frankfurt a.M. 1994
(zit.: Schmidt, A.)

Schmidt, Eberhard: Gehört der Sachverständige auf die Richterbank? Ein Beitrag zur Problematik des Sachverständigenbeweises,
in: JZ 1961, S. 585
(zit.:Schmidt, E., JZ 1961)

Schmidt, Jürgen: Noch einmal: Wahrheitsbegriff und Rechtswissenschaft,
in: JuS 1973, S. 204
(zit. als: Schmidt, J., JuS 1973)

Schmitt, Bertram: Die richterliche Beweiswürdigung im Strafprozeß,
1. Aufl., Lübeck 1992
(zit.: Schmitt)

Schönke, Adolf; Schröder, Horst: Kommentar zum Strafgesetzbuch,
25. Aufl., München 1997
(zit.: Schönke/Schröder-Bearbeiter)

Schreiber, Hans-Ludwig: Zur Rolle des psychiatrisch-psychologischen Sachverständigen im Strafverfahren,
in: Brod, Christian; Deutsch, Erwin u.a. (Hrsg.): Festschrift für Rudolf Wassermann zum sechzigsten Geburtstag,
1. Aufl., Darmstadt, 1985
(zit.: Schreiber)

Streng, Franz: Psychowissenschaftler und Strafjuristen – Verständigungsebenen und Kompetenzkonflikte bei der Schuldfähigkeitsentscheidung -
in: NStZ 1995, S. 12 (1. Teil); S. 161 (2. Teil)
(zit.: Streng)

Verrel, Torsten: Schuldfähigkeitsbegutachtung und Strafzumessung bei Tötungsdelikten
Eine Untersuchung zur Bedeutung des psychowissenschaftlichen Sachverständigen im Strafverfahren,
1. Aufl., München 1995
(zit.: Verrel)

Walter, Dietmar: Sachverständigenbeweis zur Schuldfähigkeit und strafrichterliche Überzeugungsbildung,
1. Aufl., Berlin 1978
(zit.: Walter, D.)

Walter, Gerhard: Freie Beweiswürdigung - Eine Untersuchung zu Bedeutung, Bedingungen und Grenzen der freien richterlichen Überzeugungsbildung,
1. Aufl., Tübingen 1979
(zit.: Walter, G.)

Witter, Hermann: Die Grundlagen für die Beurteilung der Schuldfähigkeit im Strafrecht,
in: Witter, Hermann (Hrsg.)
Der psychiatrische Sachverständige im Strafrecht,
1. Aufl., Berlin, Heidelberg 1987
(zit.: Witter)